www.tredition.de

AF196309

Bernd G. Renner

Farbe bekennen

Gedanken über das Menschsein Teil II

© 2019 Bernd G. Renner

Verlag und Druck: tredition GmbH, Hamburg

ISBN
Paperback: 978-3-7482-8084-2
Hardcover: 978-3-7482-8085-9
e-Book: 978-3-7482-8086-6

Für Sophia und Livio

Der Zukunft die Korrektur von Fehlern in der Vergangenheit abzuverlangen, ist eine ungeheure Respektlosigkeit und ein fataler Selbstbetrug mit schwerwiegenden Konsequenzen.

Ich wünsche Euch daher Weisheit und klare Sicht bei Eurem Versuch, die Welt aufs neue zu verändern und träume von der Generation, der endlich gelingt, zu lernen!

Inhalt

Das zweite Buch

-Einordnung-

So sehr mir bewusst ist, dass die Gegenwart geprägt ist von existenzverändernden Entwicklungen, sogenannten Megatrends, so wenig werde ich meine Aufmerksamkeit auf andere, wichtige Fakten von diesen – m. E. hysterisch überbewerteten – Trends ablenken lassen. Ich kann nicht akzeptieren, dass mir der Gegenstand meiner Denkarbeit vorgeschrieben wird, nur weil dieser Gegenstand gerade „angesagt ist". Deshalb werde ich die Arbeit an dieser Fortsetzung meiner „Gedanken über das Menschsein" unbeirrt und mit allergrößter Sorgfalt und angemessenem Respekt vor der Aufgabenstellung fortsetzen.

Auch wenn ich für diese Fortsetzung nicht ohne wissenschaftliche Vertiefung auskommen werde, verspreche ich, so verständlich wie möglich darzulegen und mich nicht in Gebiete (vor-) zu wagen, in denen ich mich höchstens oberflächlich auskenne. So gesehen möchte ich Sie auch immun machen gegen die trickreich herbeigeführten Argumente der „Macher" oben erwähnter Trends, die mit vermeintlichen „Weisheiten" Zukunftsangst auslösen, ein „Thrill", der sich offensichtlich in einer durch Wissenschaft entzauberten Welt gut verkaufen lässt. Folgen Sie meinem Ratschlag und bleiben Sie sehr skeptisch.

Das in diesem Buch vorgestellte Resultat meiner „Denkarbeit" ist subjektiv und provisorisch und wird dies bleiben, weil meine Arbeitsweise vorwiegend heuristisch ist, d.h. auf intuitiver, nicht perfekter Schlussfolgerung aus unvollständigen Informationen aufbaut. Den Inhalt habe ich der Übersichtlichkeit wegen wieder in Kapitel unterteilt, deren „Ordnung" allerdings verschleiert, welches Chaos in meinen Gedanken zu bewältigen war, um den Ordnungsgrad in diesem Buch herzustellen. Da ich glaube, dass die

„Sinnfrage" nicht bearbeitet, geschweige denn beantwortet werden kann ohne sich Klarheit über Freiheit, Weisheit und Wahrheit verschafft zu haben, werde ich diese „Arbeitsgrundlagen" als erstes in Angriff nehmen. Es sind im Kern die drei Lebenswirklichkeiten Familie, Arbeit und Freizeit, die das Substrat für die Sinnfrage darstellen. Sie werden daher als Ziele der Sinnsuche den eigentlichen Schwerpunkt meines Nachdenkens ausmachen.

Wahrheit, Erkenntnis und Klarheit als Ergebnis kritischen Nachdenkens zu erlangen mit dem Anspruch, dem Wesen des Menschseins so nahe wie möglich zu kommen, ist auch diesmal wieder mein Anspruch. Dagegen werde ich keine Mühe darauf verwenden zu verstehen, wer wir Menschen sind. Diese Anstrengung ist aus meiner Sicht nicht lohnend und wird vermutlich auch niemals gelingen können. Mancher unter meinen Lesern wird diese beiden Aussagen widersprüchlich finden. Tatsächlich ist dieser Widerspruch nur scheinbar vorhanden. Wer wir Menschen sind kann nämlich nicht von uns selbst als noch unvollendeter Evolutionsstufe der Primaten beantwortet werden. Wie wir sind, also unser Menschsein, dagegen sehr wohl. Die meisten von uns Menschen beherrschen die Selbstreflexion und werden mehrmals im Leben versuchen, ihren Standort als Mitglied einer in der Gesellschaft verankerten Gruppe gleichgesinnter zu bestimmen, egal ob formell oder informell konstituiert. Eben dieser Versuch wird in diesem Buch erklärt und über die bloße Beschreibung hinaus bewertet. Ich schicke schon einmal voraus, dass dieser Versuch stattfinden muss, weil er lebenswichtig ist, für jeden einzelnen Vertreter der Art *Homo sapiens*. Verstehen zu wollen, wie wir sind allerdings, erfordert eine Entwicklungsstufe des Bewusstseins, die ein Denken frei von konditionierenden Einflüssen und atavistischen Reflexen erlaubt. Einfacher gesagt: Selbsterkenntnis ist nicht möglich, wenn eine Wand aus undurchdringlichen Selbsttäuschungen den Blick auf das Selbst versperrt. Auch neuere Ergebnisse der neurologischen Forschung beseitigen diese Wand nicht. Die Kartierung von Hirnregionen in aktivitätsabhängige „Erregungsbereiche" mit sehr speziellen Verfahren wie z. B.

der funktionellen Magnetresonanztomographie (fMRT) hilft nur den leichtgläubigen.

Ihrem Interesse verpflichtet, an meiner Gedankenreise Freude haben und sich das Thema dieses Buches Stück für Stück erschließen zu können, werde ich auch dieses Mal so verständlich wie möglich formulieren. Ich bin mit *Ludwig Wittgenstein* (1) der Meinung, dass sich alles, was sich sagen lässt, klar sagen lässt. Ich teile dagegen nicht seine Sichtweise, dass über das, wovon man nicht reden kann, geschwiegen werden muss. Alles, was ich erreichen will, ist die Besonderheit des Menschseins besser zu verstehen. Anders als im ersten Buch will ich diesmal jedoch mehr als nur beschreiben und bewerten. Ich will den Spagat wagen, zwischen dem gestern noch gültigen und heute verworfenen Ausgangspunkten einer Strategie für die Zukunft mit Weisheit zu vermitteln. Kurz: ich will aufzeigen, welche Werte wir aufgeben, welche Werte neu entstehen müssen, um eine Zukunft ohne allzu große Verwerfungen zu ermöglichen.

Das heißt jedoch nicht, dass die Beschreibung einer neuen, endgültigen (absoluten) Wahrheit Thema dieses Buches sein wird. In meinem Verständnis von Wahrheit als Wissenschaftler kommt absolute Wahrheit gar nicht vor. Sie kann – wenn überhaupt – erst vorhanden sein, wenn alle Versuche, sie zu widerlegen, gescheitert sind. Diesen Zustand kann ich als Autor dieser Gedanken nicht erreichen, auch deshalb, weil sich meine Aussagen über Wirklichkeit auf Erfahrungen gründen, und folgerichtig nicht allgemeingültig sein können. In dieser Beurteilung folge ich dem Philosophen *Karl Popper* (2), dessen Publikationen meinen kognitiven Umgang mit Erkenntnis wie keine anderen geprägt haben. Darauf komme ich im Laufe meiner Gedankenreise noch zurück.

Das eigentlich Spannende an unserem Leben entsteht aus unserer Unkenntnis über seinen Verlauf. Zu bestimmten Zeitpunkten in diesem Leben müssen (sollten) wir damit beginnen, im Aktenschrank unseres Gehirns aufzuräumen, Ordnung zu schaffen. Die aus unserer Lebensrealität, der Fülle aller gemachten Erfahrungen entstandene „Theorie über das Sein als Mensch" wird dabei überprüft, an die veränderte Wirklichkeit angepasst. Man könnte diesen Zeitpunkt auch als den Moment betrachten, in dem wir uns die Frage nach dem Sinn unseres Daseins oder „Soseins" stellen. Wir erlauben uns ein Innehalten, um Inventur zu machen. Ich denke, dass dies genau damit zu tun hat, dass wir zu keinem Zeitpunkt wissen können und werden, wie unser Leben verläuft, und dass wir dies als einziges Lebewesen auf dieser Erde gedanklich erfassen. Wir sind also in der Lage, unser Leben bewusst zu gestalten, ohne je zu erleben, ob wir uns mit unserer Gestaltung „richtig" entschieden haben. Das klingt ein wenig nach dem tragischen Esel von *Friedrich Wilhelm Nietzsche* (3), der seine Last weder tragen noch abwerfen kann.

Ich möchte das Menschsein in dieser Polarisierung zwischen „Verantwortung tragen" und „gestaltend handeln" als Lebensaufgabe darstellen und dabei gleichzeitig Sackgassen der Lebenswirklichkeit erkennen, die es zu vermeiden gilt. Vielleicht gelingen mir dabei „neue Erkenntnisse". Versprechen kann ich das jedoch nicht. Es kann sein, dass dieses Buch nicht mehr hergeben wird, als die triviale Meinung eines Zeitgenossen mit durchschnittlicher Intelligenz. Wäre dies der Fall, bestünde aus meiner Sicht kein Grund, mich bei meinen Lesern dafür zu entschuldigen, mit der Lektüre dieses Buches Zeit vergeudet zu haben. Solange ich Gedanken bei Ihnen auslösen konnte, aufs Heftigste zu widersprechen oder den Wunsch, einen der dargestellten Sachverhalte zu überprüfen, habe ich dazu beigetragen, dass Sie Ihre Zeit gut genutzt haben – glauben Sie nicht?

Gevelsberg, im Mai 2019

Kapitel 1

Wissenschaft ist kein Selbstzweck

Wir verständigen uns laufend über die Ergebnisse von Beobachtungen in Gesprächen mit anderen. Diese „vorwissenschaftliche" Verhaltensweise scheint automatisch abzulaufen, weil wir die Gewissheit brauchen, dass sich unsere Beobachtungen mit denen anderer decken und wir daraus gleiche oder doch mindestens ähnliche Schlüsse ziehen. Wenn diese Art und Weise der Entstehung von Wissen prinzipiell funktioniert, warum braucht man dann Wissenschaft?

Grob vereinfacht lässt sich Wissenschaft als eine Übereinkunft verstehen, Beobachtungen nach festgelegten Prinzipien vorzunehmen und die aus den Beobachtungen abgeleiteten Erkenntnisse mit Hilfe bestimmter Verfahren zu bewerten. Menschen, die sich wissenschaftlichem Arbeiten verpflichten, wollen das alltägliche Erkennen also in einem methodisch festgelegten Rahmen durchführen. So soll vermieden werden, dass die Interpretation von Beobachtungen völlig willkürlich erfolgt. Dazu müssen bestimmte Voraussetzungen geschaffen werden, die zusammengenommen dem Ziel dienen, das Erkennen mit maximal möglicher Objektivität erfolgen zu lassen. Die wissenschaftlich fundierte Erkenntnis will daher mehr sein, als bloßes Verstehen von Zusammenhängen. Sie strebt den Wahrheitsgehalt der Erkenntnis an, will also klarstellen, unter welchen Bedingungen der erkannte Zusammenhang zutrifft. Wissenschaft ist daher nichts anderes, aber auch nicht weniger, als mit methodisch festgelegtem Nachdenken die Erkenntnisse aus Beobachtungen auf ihren Wahrheitsgehalt zu prüfen, oder sehr verkürzt: Wissenschaft ist Wahrheitsfindung!

Damit ist die Frage nach dem „warum" also geklärt. An die Erkenntnisse, mit denen wir uns in diesem Buch beschäftigen, stellen wir bestimmte Ansprüche. Sie sollen möglichst objektiv zutreffen bzw. wahr sein. Wie Wissenschaftler diesen Anspruch methodologisch umsetzen, muss noch geklärt werden. Die Grundlage wissenschaftlichen Arbeitens sind Konventionen, Definitionen und Neugier. Was Neugier ist, setze ich als bekannt voraus und gehe deshalb im Folgenden noch etwas genauer auf Konventionen und Definitionen ein.

Konventionen

Bei Konventionen handelt es sich um Übereinkünfte und um es gleich vorwegzusagen, wäre in diesem Buch nicht Platz genug, um alle in den Teildisziplinen der Wissenschaften jemals verabschiedeten Konventionen aufzuführen. Das ist auch gar nicht nötig, denn wir werden uns „nur" mit einigen Wissenschaften beschäftigen und innerhalb dieser Wissenschaften nur mit bestimmten Teilgebieten. Welche Art von Konventionen müssen uns überhaupt interessieren? In aller erster Linie solche, die für die Einschätzung des Wahrheitsgehaltes der Erkenntnis, mit der wir uns jeweils beschäftigen müssen, von Bedeutung sind. Eine solche Konvention ist z. B. die statistische Betrachtung von Datenmengen, die bei bestimmten *vergleichenden* Untersuchungen natürlicher Systeme (z. B. die Konzentration von bestimmten Fetten im Blut bei Nord- und Südeuropäern) anfallen. Da es nachvollziehbar unmöglich ist, alle Nordeuropäer und alle Südeuropäer zu untersuchen, wird man eine Stichprobe von etwa je 2000 Menschen auswählen, die demografisch (u. a. Alter, Geschlecht, ethnische Herkunft) vergleichbar zusammengesetzt sind. Von den 2000 Einzelwerten für „Fett im Blut"/Gruppe wird man den Mittelwert (das arithmetische Mittel) errechnen, der als Vergleichsgröße für eine Aussage über die Vergleichbarkeit/Verschiedenheit von Blutfett bei Nord- oder Südeuropäern verwendet wird. Die geschilderte statistische Auswertung der Daten bei diesem Untersuchungsbeispiel setzt allerdings voraus, dass die Daten „normalverteilt" sind, also quasi einen Ausschnitt aus dem Kontinuum von Blutfettwerten bei allen Menschen darstellen. Ob diese Annahme auf diese

Daten zutrifft, ist jedoch nicht sicher. Es wäre daher „richtiger", in diesem Fall nicht das arithmetische Mittel zu verwenden, sondern den Median (Zentralwert). Auf nicht normal verteilte Daten, diskontinuierliche Daten, lässt sich die ‚Gaußsche' „Glockenverteilungskurve" nicht anwenden und die irrtümlich durchgeführte Mittelwertbetrachtung würde zu Ergebnissen führen, die mit den tatsächlichen Gegebenheiten nicht übereinstimmen kann. Sich nicht an Konventionen, also bestimmte Regelwerke zu halten, die sich über Jahrhunderte praktizierten Experimentierens bewährt haben, würde wie in dem aufgeführten Beispiel zu Fehlern führen, mindestens jedoch zu Fehleinschätzungen.

Da es uns darauf ankommt, so objektiv wie möglich zu argumentieren, der Wahrheit so nahe wie möglich zu kommen, müssen wir sehr vorsichtig und kritisch mit den „Weisheiten" von gestern umgehen, die wir im Rahmen unserer Bestandaufnahme berücksichtigen. Als kritisch sind Weisheiten anzusehen, die offensichtlich auf Grund von Fehlern zustande gekommen sind, die also „falsifizierbar" sind. Vorsicht ist als Aufforderung zu verstehen, das als „gültig" beanspruchte Wissen vor seiner weiteren Verwendung noch einmal auf „Wahrheitsnähe" hin zu überprüfen. Diese beiden Konventionen lassen sich m. E. als Grundprinzip wissenschaftlichen Handelns verstehen und sind mein von *Karl Popper* (2) übernommenes „Wissenschaftsverständnis". Es geht um den Respekt vor dem eigenen Irrtum, sich mit einer Approximation, einer Annährung and die Wahrheit getäuscht zu haben (wir machen uns ja nur ein Bild von der Wirklichkeit!) und den Mut, immer neu zu versuchen die Wahrheit zu finden, uns und/oder andere zu korrigieren. Konsequenterweise verstehen sich Wissenschaftler daher nie als „Marktschreier", sondern als eher bescheidene Verkünder ihrer Erkenntnisse. Auch diese Eigenschaft gehört zu den Konventionen des Wissenschaftler-Seins, seine Erkenntnisse in einer angemessenen, „wissenschaftlichen Sprache", die i. d. R. knapp, klar und ohne jeden „schöpferischen Charme" ist, zu publizieren. Solche und ähnliche Konventionen gehen einem Wissenschaftler im Laufe seiner Beschäftigung mit wissenschaftlichen Themen „ins Blut über", werden zur Selbstverständlichkeit.

Definitionen

Definitionen sind unverzichtbar, da wissenschaftliches Arbeiten und Denken Ordnung erfordert. Definitionen stellen den Inhalt der oben beschriebenen Bilder von der Wahrheit dar, sind die vorübergehenden Hilfsmittel, mit denen sich Wissenschaftler Modelle über die Wirklichkeit erschaffen, die vorläufig gelten sollen.

Arbeiten des schwedischen Naturforschers Carl von Linné ist es zu verdanken, dass Biologen über ein systematisches Ordnungsprinzip für alle vorkommenden Lebewesen auf der Erde verfügen. Linné schuf im 18. Jahrhundert mit seiner binären Nomenklatur die Grundlagen für die botanische und zoologische Taxonomie (die systematische Einteilung in Tiere und Pflanze sowie innerhalb dieser beiden Reiche in hierarchisch aufgebaute Unterteilungen, ausgehend von der Art als Basis). Auf diese Weise lässt sich jedes Lebewesen durch Art- und Gattungsname eindeutig zuordnen. Die daraus entstandene Biosystematik der Gegenwart ist aus diesem Ordnungsprinzip von Linné hervorgegangen, hat die wissenschaftlichen Erkenntnisse zur Stammesgeschichte (Phylogenie), zur Darwin'schen Evolutionsbiologie im 19ten und 20ten Jahrhundert und zur modernen Molekularbiologie des 21ten Jahrhunderts aufgenommen. Damit ist die Biosystematik eine viele biowissenschaftliche Teilbereiche überspannende und deren Erkenntnisse einbeziehende und deshalb außerordentlich komplexe Definition. Noch dazu schließt diese Definition einige wichtige Hypothesen, also Vermutungen über Zusammenhänge ein. Man stelle sich vor, dass es gelänge, auch nur eine dieser Hypothesen zu falsifizieren (!) – es wäre eine fundamentale Erschütterung wissenschaftlicher Grundsätze der Biowissenschaft.

Weniger komplexe Definitionen kommen zu tausenden in jeder einzelnen Wissenschaft vor und der Versuch, diese samt und sonders zum Gegenstand einer umfassenden Überprüfung zu machen, wäre idiotisch, weil es erstens unmöglich und zweitens gar nicht nötig ist. Definitionen aufgeben zu müssen, weil die ihnen zugrundeliegenden Hypothesen sich als falsch herausstellen, wird ja an der Wirklichkeit nichts ändern. Definitionen stellen quasi eine Vereinbarung unter Experten-Kollegen dar, sich erst wieder zu streiten, wenn *wirklich* neue Erkenntnisse vorliegen. Aber, was ist wirklich neu, was sind Erkenntnisse und wie gestaltet man den notwendigen Streit um „neue Erkenntnisse" wirkungsvoll?

Sie werden schon an meiner Thematisierung auf diesen ersten, wenigen Seiten bemerkt haben, dass Wissenschaftler dazu neigen, alles, was auf den ersten Blick einfach erscheint, „kompliziert zu sehen". Dass dieser Eindruck entstehen kann, vermag ich nachzuvollziehen. Dennoch: es ist nur ein Eindruck! Wissenschaftler werden nicht als solche geboren. Sie entwickeln sich wie alle anderen Menschen, leben mit Angst, Lust und dem Wunsch nach Geselligkeit und Essen und Trinken, nach Glück und Erfolg. Dass vieles von dem, was Wissenschaftler wichtig finden, was sie in ihren Gedanken leitet, kompliziert wirkt, liegt an den Gegenständen, die sie beschäftigen und mit denen sie sich beschäftigen. Wenn ich „Gegenstände" sage, meine ich damit nicht zwangsläufig Materielles, egal ob mikroskopisch klein (z. B. Bakterien oder Viren oder deren atomare Bestandteile) oder ziemlich groß (z. B. einzelne Personen oder ganze Gesellschaften), ob real existierend oder vermutet. Ich meine damit auch und v.a. Ideen als Ergebnis des Nachdenkens über die Wirklichkeit, in der wir leben.

Der Arbeitsprozess

Zurück zu den Grundlagen. Das „Warum" meines Tuns festzulegen steht ganz am Anfang. Es besteht darin, aufwendige Gedankenarbeit mit dem Ziel durchzuführen, „Neues" zu entdecken, neues, das zusätzlich dem Kriterium „Erkenntnis sein zu können" entsprechen soll. Dieser Anspruch stellt Anforderungen an die Planung des weiteren Prozessablaufs. So muss der gewählte Prozess z. B. erlauben, den Gegenstand (s. oben) umfassend bearbeiten zu können. Dazu ist es notwendig, im ersten Schritt der Gedankenarbeit die Komplexität der Beziehungen, die der Gegenstand zu anderen Gegenständen hat, auf ein Mindestmaß zu reduzieren. Es kann nämlich erwartet werden, dass das Nachdenken erschwert wird oder ganz misslingt, weil sich eine Annäherung an den Kern des Gegenstandes als unmöglich herausstellt. Weil diese Annahme nicht unbedingt sofort einleuchtet – als erfahrungsunabhängiger Sachverhalt von vornherein festliegt – werde ich einen Moment darauf verwenden, die Annahme zu erläutern.

Als Beispiel für einen Gegenstand mit nachvollziehbar sehr komplexen Beziehungen zu anderen Gegenständen führe ich einmal (unsinnigerweise, s. unten) die „Digitalisierung" an. Unter Digitalisierung kann ein Zustand in der Versorgung mit Datenleitungen verstanden werden, eine Produktionsweise in bestimmten Industrien, in der computergesteuerte Roboter zum Einsatz kommen, aber auch die Gefahr des Datenmissbrauchs, die Veränderung gesellschaftlicher Kommunikationsformen und Verhaltensweisen. Wie ich schon in meinem ersten Buch (4) feststellte, beeinflusst Digitalisierung alle Lebensbereiche, ist also ein vermeintlich hochkomplexer Gegenstand. Sein Kern ist erkennbar der Computer, über dessen Nutzung als Werkzeug und Kommunikationsmittel bereits viel nachgedacht wurde, ohne dass dieses Nachdenken zu wirklich neuen Erkenntnissen geführt hätte. Es bleibt jedoch fraglich, ob meine Assoziation von „Digitalisierung" mit „Computer" als Kern des Gegenstandes die Wirklichkeit gut reflektiert. Wie auch immer, Digitalisierung gehört wissenschaftlich gesehen nicht zu den Definitionen, ist damit gegenstandsleer und auch selbst kein Gegenstand. Die ursprüngliche Bedeutung von Digitalisierung als ein Vorgang, bei dem sogenannte analoge Daten in einen digitalen Zustand überführt (und damit in Computern speicherbar gemacht) werden, ist Vergangenheit. Aus dem technischen Vorgang der Digitalisierung ist ein Begriff aus dem Farbtopf der „Trendmacher" geworden, den diese auf dem Jahrmarkt der Aufmerksamkeiten wie warme Semmel anbieten. Diese Umdeutung hat zu einer Wortschöpfung geführt, die mit dem Anstrich von „Wissenschaftlichkeit" daherkommt, jedoch gar nichts mit Wissenschaftlichkeit zu tun hat. Digitalisierung ist in ihrer ursprünglichen Bedeutung eine Technologie, und damit bestenfalls Ausfluss von Wissenschaft.

Mit diesem Beispiel möchte ich deutlich machen, wie wichtig es ist, über den Gegenstand der Gedankenarbeit von Anfang an völlige Klarheit zu haben. Sachverhalte, deren Inhalt durch fortgesetzt willkürliche und unkontrollierte Interpretation unbrauchbar geworden sind, kommen als Gegenstand für meine Gedankenarbeit nicht in Frage. Es hat auch keinen Zweck, die für solche „unordentlichen" Sachverhalte verwendeten Begriffe neu zu fassen. Ein einmal etablierter Sprachgebrauch lässt – insbesondere bei Begriffen für Modernismen, zu denen die sogenannten Megatrends gehören – keine Korrektur oder Präzision mehr zu. Dies sollte man als Wissenschaftler einräumen.

Wenn das „Was" am Anfang des Prozesses mit der nötigen Präzision geklärt ist, also der Gegenstand feststeht, folgt die Analyse über das „Wie" der gedanklichen Bearbeitung. Das „Wie" meint nur vordergründig den technischen Ablauf mit seinen eingesetzten Methoden. Die Auswahl der Methoden ist durch die bereits erwähnten Konventionen festgelegt, also unspektakulär. Spannend wird der Prozess erst durch die Auswertung der Ergebnisse, die die Analyse ergeben hat. Abhängig von der Qualität der Ergebnisse, die z.B. überraschen können und ggf. Erstaunen auslösen werden, entstehen oder misslingen neue Erkenntnisse bzw. Erkenntnisfortschritte. Zu diesem Zeitpunkt des Prozesses spielen Fähigkeiten, Kenntnisse und Wissen des Betrachters eine Rolle, die bei der Planung der Arbeit ganz am Anfang, als das „Warum" (der Zweck, das Ziel der Arbeit) festgelegt wurde, nicht zu berücksichtigen waren. Gemeint ist das „stille", nicht bewusste Wissen und seine Anwendung auf und bei besondere(n) Fragestellungen. Dafür verwenden wir den Begriff „Weisheit", der weit mehr aussagt als nur „großes Wissen", sondern insbesondere die Erfahrung mit der „richtigen" Anwendung dieses Wissens beinhaltet.

Weisheit

Ich pflege Weisheit als die Kunst zu bezeichnen, wirksam zu denken. Weisheit ist nicht ohne wissenschaftliches Training – zumindest nicht ohne Erlernen strukturierten Denkens – denkbar. Außerdem unverzichtbar für die Entstehung von Weisheit ist eine große Menge verarbeiteten Wissens und viel Erfahrung im effizienten Einsatz dieses Wissens. Weise können meistens strategisch denken, wodurch die Einsicht in die Notwendigkeit von Veränderungen als „Denkergebnis" zielgenau gelingt. Das implizite (stille) Wissen hilft bei der strategischen Ausrichtung durch Fokus auf den Weitblick und die schnelle Ortung und Größenbestimmung unterschiedlicher Einflussfaktoren. Weisheit enthält also auch eine antizipatorische Komponente. Zusammengefasst umspannt meine Arbeitsdefinition von Weisheit folgende Kompetenzen:
- Vernunft
- Urteilskraft
- Unterscheidungskraft
- Gestaltungskraft (als visionäre Sinnerkennung).

Dennoch ist auch Weisheit nur eine Momentaufnahme des entstandenen Könnens im oben aufgezeigten Sinne, also die Gesamtheit der aktuell verfügbaren, mentalen Kompetenzen, die auch aus dem Gedächtnis gespeist werden.

Gedächtnis

Haben wir es bei unserem Gedächtnis etwa mit dem eigentlichen, tatsächlichen Kern unseres Denkvermögens zu tun?

Grundlegend für den Prozess des Denkens sind – je nach Blickwinkel – _Auslöser_ (Reize, die durch unsere Sinnesorgane wahrgenommen werden) sowie _Schalter_, die als chemisch definierte, körpereigene Substanzen die Kommunikation zwischen bestimmten Zellen (Neuronen) auslösen und dabei elektrische Ströme verursachen, die wiederum die Leitung der Reize bewirken. Auf diesen erstaunlich einfachen Zusammenhängen bauen alle Ergebnisse des Denkens auf, die von einer kurzen Lautäußerung bis hin zu einer Beschreibung kosmischer Zusammenhänge durch hochkomplexe mathematische Gleichungen reichen können. Jedes Mal, wenn dieser Vorgang abläuft, hinterlässt er Spuren – sogenannte Engramme (was so viel bedeutet wie Erlebniseindruck, Erinnerungsbild) – in unserem Gedächtnis, die sich bei häufiger Abrufung verfestigen, bei seltenerer Nutzung auch ganz auflösen können. Nach heutigem Wissensstand, ganz ausgezeichnet von _Money & Gassmann_ (5) dargestellt, kann das Gedächtnis als dynamisches Navigationssystem verstanden werden, das sich auf die unterschiedlichen Herausforderungen seines „Eigentümers" zu jedem Zeitpunkt im Leben einstellt. Sitz des Gedächtnisses ist unser Gehirn, das unterschiedliche anatomische Strukturen aufweist, in denen verschiedene Erscheinungsformen (z.B. Kurzzeit-, Langzeit-Gedächtnis) lokalisiert wurden. Weitere Details der spannenden interdisziplinären Forschung über den menschlichen „Denkapparat" sind hier verzichtbar. Die eingangs gestellte Frage ist klar zu bejahen: Gedächtnis ist Voraussetzung für Denken (und Sprechen!). Gleichzeitig steuert Denken das Gedächtnis und die Wahrnehmung. Kurz: _Denken und Gedächtnis sind untrennbar miteinander verbunden_, bedingen einander wechselseitig!

Sprache

Weil Sprache ebenfalls Gedächtnis voraussetzt und es unmöglich ist, sich so auszudrücken, dass man nicht missverstanden wird, hier noch eine kurze Klarstellung. Sprache zu lernen und anderseits zu benutzen sind unterschiedliche kognitive Fähigkeiten. Orthografie und Grammatik werden durch ständiges Wiederholen erlernt, können daher als Prägung bezeichnet werden. Wir erkennen Wörter an ihrer Kombination von Buchstaben und in ihrer grammatischen Anwendung und erschließen daraus die darin enthaltene Information. Erst die mit dem Hören wahrgenommene Information des ausgesprochenen Satzes (die Phonetik) jedoch stellt klar, welche Botschaft über das rein Begriffliche von ihm ausgeht. Die Wahrnehmung dieser Botschaft ist allerdings an eine Voraussetzung geknüpft: Sender (jener, der spricht) und Empfänger (der Zuhörer) müssen demselben Kulturkreis angehören. Kommunikation über Sprache ist nur dann nahezu fehlerfrei (oder „verlustfrei") möglich, wenn die miteinander Kommunizierenden derselben Sprachregion angehören, was auch einschließt, dass ihre Entwicklung bis zur „Kommunikationsreife" ähnliche Verläufe nahm.

Sprache ist konstitutiv für das Mensch-sein-können gegenwärtig und für alle Zukunft. Sprache ist unsere jeweilige Kultur, denn durch sie verstehen wir uns als Teil und alle miteinander als Ganzes. Wir bilden uns in ihr ab und lassen uns von ihr verzaubern und erschüttern. Schließlich ermöglicht Sprache unsere Fähigkeit zur Selbstreflexion und damit das Entstehen von Vernunft.

Das Formulieren dieser Aussagen nötigt mir die ständig wiederkehrende Erkenntnis ab, dass alles mit allem zusammenhängt, so sehr, dass ich mich für meine vorübergehende gedankliche Trennung der Sachverhalte und deren isolierte Behandlung schäme. Auch bei größter Anstrengung gelingt es mir nicht, das verbindende Ganze zwischen Gedächtnis, Denken und Sprache in seiner Plastizität sprachlich nachvollziehbar darzustellen. Ich bin jedoch sicher, dass es dieses Ganze ist, worauf unser Mensch-sein-Können beruht.

Am Ende des beschriebenen wissenschaftlichen Arbeitsprozesses steht ein Ergebnis, von dem wir jetzt wissen, durch welche Faktoren sein Zustandekommen beeinflusst wurde. Falls es ein Problem war, dessen Lösung das angestrebte Ergebnis des Prozesses war, können wir festhalten: *eine „gute" Lösung verlangt nach einem klar umrissenen Verständnis des Problems.* Die Lösung, das Ergebnis der Gedankenarbeit muss schließlich noch kommuniziert und auf seinen Wahrheitsgehalt, seine Evidenz geprüft werden.

Darstellung und Wahrheit

Es gibt zwei grundsätzlich unterschiedliche Ansätze, die Analyse sehr gründlichen Nachdenkens darzustellen:

- Immer dann, wenn einem etwas wichtiges klar geworden ist, den Sachverhalt in Form eines kurzen Aphorismus festzuhalten. Natürlich gelingt das nur (oder besonders gut), wenn der Erkenntnisgewinn in eine knappe Metapher passt und der reflektierte Gegenstand bzw. die Methoden zu seiner Untersuchung nicht ausführlicher dargelegt werden muss (müssen).
- Für den Fall, dass der untersuchte Gegenstand wie oben dargelegt eine umfangreichere Darstellung aller in Verbindung mit seiner Untersuchung stehenden Aspekte erfordert, bleibt nur der Aufsatz oder das Buch als geeignete Alternative übrig.

Entscheidend für die Wirksamkeit der Darstellung ist die Klarheit der Sprache, mit der die Erkenntnis an sich und die Grenzen ihrer Gültigkeit im Besonderen vermittelt werden. Es muss also unbedingt gelingen, die gefundene Wahrheit – genauer die erkannte

Übereinstimmung der beschriebenen Erkenntnis mit den Tatsachen – in Abhängigkeit von der methodischen Vorgehensweise zu erläutern. Überzeugungen oder Glaube bedeuten in diesem Zusammenhang gar nichts. Wahr ist, was den Tatsachen entspricht, auch wenn die Tatsachen „nur" der Inhalt des Bildes sind, das wir uns von der Wirklichkeit machen.

Kapitel 2

Der Projektplan

Mit dem Anspruch an eine klare Darstellung der Gedankenarbeit und unter Berücksichtigung der auf den vergangenen 10 Seiten erläuterten wissenschaftlichen Ausrichtung werde ich mich der Suche nach dem Sinn unserer Existenz in den drei Lebenswirklichkeiten zuwenden. Familie, Arbeit und Freizeit sind also die Gegenstände meiner Gedankenarbeit, die ich zunächst so präzise wie möglich charakterisieren werde. Während der Arbeit an diesen Gegenständen werden sich weitere Sachverhalte ergeben, die wie die übergeordneten Gegenstände einzeln detailliert zu untersuchen und zu charakterisieren sind. Die Ausgangsfragestellungen werden im Zuge der Konkretisierung der Gegenstände herausgearbeitet und danach – wie vorher dargestellt und in Abbildung 1 noch einmal zusammengefasst – beantwortet.

Das Leben ist kein Kontinuum

Arbeit z. B. als Erwerbstätigkeit (s. später, Kapitel 3), Familie als kleinstes Bauelement einer Gesellschaft (Kapitel 4) sowie Freizeit als individueller Rückzugsraum zur Bewusstseinsbildung (Kapitel 5) hängen natürlich auf vielfältige Weise untrennbar miteinander zusammen. Wie sich ein Mensch nach einer gewissen Zeit seiner Existenz sieht, speist sich aus den gewichteten Erkenntnissen aller drei Lebensbereiche, Erkenntnisse, deren synthetisches Ganzes im Selbstbewusstsein wiedergespiegelt wird. Mit diesem Projekt strebe ich an, Veränderungen dieses Selbstbewusstseins von großer Tragweite aufzuspüren, zu analysieren und schließlich zu bewerten. Mit dem Ergebnis wird die ultimative Frage ob sich der Sinn des Lebens geändert hat beantwortet. Als Zeitfenster für das Aufspüren eventueller Veränderungen soll die jüngere Vergangenheit gelten (von 1950 bis heute). Weitere Voraussetzungen, die an die Durchführung dieses Projektes zu stellen sind, beinhalten die unten aufgeführten Punkte:

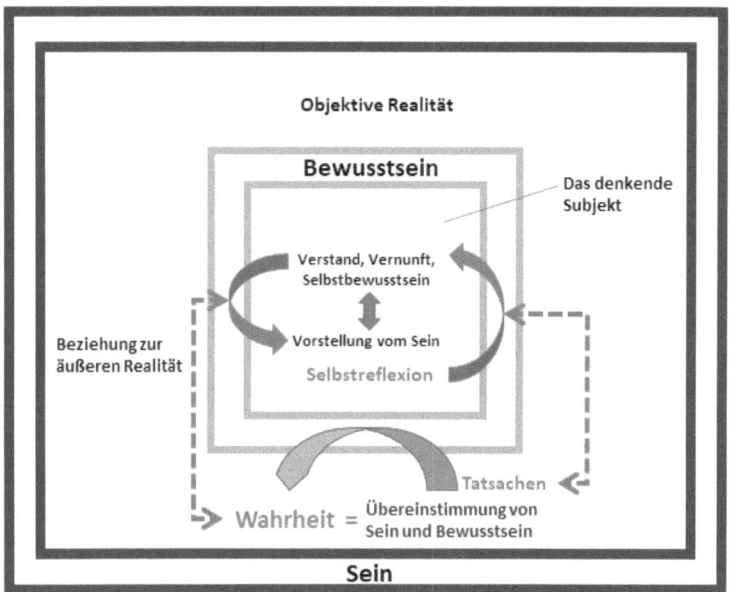

Abb.1: *zusammenfassende Darstellung der wissenschaftlichen Arbeitsweise*. Das denkende Subjekt überprüft seine Beziehung zur äußeren Realität durch die Fähigkeit der Selbstreflektion. Durch Selbstreflektion sind Verstand, Vernunft und schließlich eine Vorstellung vom Sein im Bewusstsein entstanden. Das von der Wirklichkeit (dem Sein) entstandene Bild wird durch wiederholten Vergleich mit der „objektiven Realität" auf Übereinstimmung untersucht. Das Ergebnis dieser Denkarbeit führt zur Auffindung der Wahrheit und zu Erkenntnissen über Zusammenhänge zwischen den Tatsachen. Wahrheit und Erkenntnisse erweitern das Bewusstsein.

1. Der Kulturraum, der der Betrachtung der Veränderungen des Selbstbewusstseins zugrunde liegen soll, muss eingegrenzt werden. Ich habe mich für Zentraleuropa (mit Deutschland im Zentrum) entschieden, da sich hier der größte Teil meiner Lebenswirklichkeit ereignet (hat). Falls angezeigt, werde ich mich jedoch nicht zurückhalten, fernöstliche Weisheiten als Vorschläge zur Beantwortung eventueller Sinnfragen einzuflechten. Südostasien ist der nach Zentraleuropa zweitwichtigste Erfahrungsraum für meine Lebenseinsichten.

2. Die Analyse und abschließende Beantwortung der Sinnfrage muss für die einzelnen Lebensbereiche (Arbeit, Freizeit, Familie) getrennt durchgeführt werden. Dass dieser
   Ansatz vertretbar ist, schließe ich aus der Beobachtung,
   wonach sich das individuelle Bewusstsein (also das Bewusstsein einer ganz bestimmten Person, die zu einer
   ganz bestimmten Gruppe von Menschen gehört) nicht
   vom Bewusstsein der Gruppe unterscheidet in grundsätz-
   lichen, charakteristischen Einstellungen zu Arbeit und Familie sowie zur Ausübung von Freizeitaktivitäten.

3. Schließlich strebe ich mit diesem Projekt die Überprüfung
   einer Hypothese an, der zufolge Leben sich nicht als Kontinuum abspielt, als ununterbrochene Entwicklung von einem Punkt aus, sondern als Aufeinanderfolge lebens[aus-
   richtungs]verändernder Phasen. Ereignisse, die solche
   Phasen einleiten, können z.B. Katastrophen sein, Überra-
   schung auslösende Entdeckungen, aber auch tiefe Enttäuschungen und ggf. Selbstmitleid. Der Prozess, der uns
   durch solche Phasen leitet, folgt einem einfachen und sich
   wiederholendem Prinzip:

   i.   Sich Gedanken machen und zu Erkenntnissen
         kommen
   ii.   Sich finden und sich einordnen
   iii. Sich für bestimmte Werte entscheiden
   iv.   Sich wertebestimmt verhalten und entsprechend
         engagieren.

Da es unmöglich ist, alle denkbaren (vorstellbaren) Aspekte der
drei Lebensbereiche mit Auswirkungen auf entscheidende Veränderungen zwischen der Mitte des vorigen Jahrhunderts und heute
zu erfassen, lasse ich zu, dass meine Intuition sich für die erwä-

genswert wichtigen entscheidet. Ich erreiche dies durch eine bewährte Vorgehensweise: ich fordere mich durch provozierende Fragestellungen heraus und überprüfe anschließend, ob ich damit ins Schwarze getroffen habe. Damit gebe ich meiner Intuition gleichzeitig Raum, sich zu korrigieren und mich zeit- und streckenweise zu führen. Intuition ist Teil meiner Weisheit.

Kapitel 3

Arbeit

Wie Arbeit Form annimmt

Mit Arbeit soll im Folgenden zunächst jede Form der Erwerbstätigkeit gemeint sein. So festgelegt, schließt Arbeit also abhängige und selbständige, produzierende, dienstleistende, handwerkliche, wissenschaftliche und künstlerische Beschäftigungen und Beschäftigungsverhältnisse ein, unabhängig davon, ob die ausgeübte Tätigkeit eine Berufsausbildung erfordert oder das Ausüben anderweitig reguliert ist.

Mit dieser Beschreibung habe ich den Gegenstand der nachfolgenden Analyse definiert und der im Projektplan beschriebenen Anforderung entsprochen. Ich bleibe dennoch skeptisch, ob mir die Definition ausreichen und mich ein ganzes Kapitel lang zufriedenstellen wird. Aus diesem Grund füge ich als Abbildung 2 das Ergebnis meiner Gedankenassoziation beim Nachdenken über den Begriff Arbeit ein. Intuitiv erkenne ich, dass ich wohl auf diese Abbildung noch einmal zurückkommen werden muss.

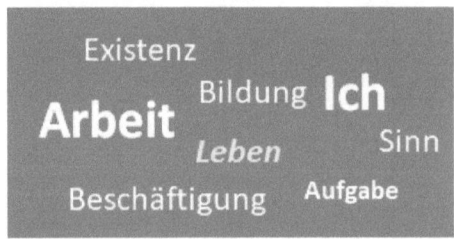

Abb. 2: *Gedankenassoziation beim Nachdenken über Arbeit.* Die sieben Substantive stellen den Rahmen meines in diesem Kapitel zu bewältigenden Auftrags dar.

Welche existentielle Bedeutung Arbeit für jeden von uns hat, erweist sich bereits kurz nach unserer Geburt. Die Zeit, die unsere Eltern uns schenken (können), um uns mit liebevoller Fürsorge durch die ersten Jahre unseres Lebens zu begleiten, hängt u.a.

davon ab, welcher Beschäftigung unsere Eltern nachgehen, ob z.B. beide arbeiten müssen, um das Auskommen der Familie zu gewährleisten. Unsere Chance auf eine glückliche und gesunde Kindheit wird *auch* davon abhängen, welche finanziellen Mittel und wieviel Zeit unsere Eltern für diese prägende Phase des Lebens aufwenden können. Spätestens mit dem Beginn unserer Schulzeit wird uns dann einiges über das „berufliche Leben" unserer Eltern klar und indirekt durch erste Interaktionen mit Mitschülern in unser sich bildendes Bewusstsein zurückgespiegelt. Wir beginnen ohne großes Wissen so etwas wie eine Hitliste begehrter und weniger begehrter Berufe zu entwerfen und innerhalb kurzer Zeitabstände wieder zu verwerfen. „Nicht für die Schule lernen wir", jedoch wofür tatsächlich erschließt sich uns lange Zeit nicht.

Bis wir das erste Mal einen konkreten Inhalt mit dem Begriff „Arbeit" assoziieren, sind wir junge Erwachsene geworden. Wir haben zu diesem Zeitpunkt begonnen, quasi an uns selbst zu arbeiten, entwickeln unsere Persönlichkeit Schritt für Schritt. Wir bemühen uns um Anerkennung, sind dabei, unsere Stärken und Schwächen kennenzulernen und bahnen erste Beziehungen an. Unser Lernen ist (noch) nicht zielorientiert, verfolgt keinen Zweck im engeren Sinne und ist vermutlich gerade deswegen so wichtig für unsere Entwicklung, weil sich unsere individuelle *Kreativität* voll entfalten kann. Alles weitere – und damit auch das Verständnis von Arbeit – ist vom Zufall abhängig, also dem familiären und gesellschaftlichen Umfeld, das den glücklichen oder bedauernswerten Rahmen unserer Möglichkeiten jedenfalls zeitweise vorgibt. Bevor Arbeit als Erwerbsarbeit – wie auf S. 26 definiert – anfängt, unsere Gedanken zu beschäftigen, haben wir also in der Regel ganz unterschiedliche Zustände intensiver Beschäftigung mit Lebensfragen erlebt. Wir sind sozusagen mit „Lebensarbeit" schon etwas vertraut, wenn der Entscheidungszeitpunkt für unsere Arbeitsauswahl gekommen ist.

Arbeit macht immer Mühe. Der Lohn für die Mühe, egal ob pekuniär oder ideell, ist *ein* Faktor, der darüber bestimmt, ob eine bestimmte Arbeit für einen in Frage kommt oder nicht. Dennoch können andere Faktoren wesentlich wichtiger sein. Ich z. B. wäre nie Arzt geworden, unabhängig davon, wieviel ich damit hätte verdienen oder wie sehr ich damit verzweifelten, kranken Menschen hätte helfen können. Das hat damit zu tun, dass ich niemandem physisch weh tun kann. Heute bin ich klüger. Ich habe herausgefunden, dass sich das Berufsbild des Arztes von vor 48 Jahren, also jener Zeit, in der ich ein Medizinstudium hätte beginnen können, eine derartige Diversifizierung erfahren hat, die mir heutzutage z.b. eine Tätigkeit als DRG-Spezialist (diagnostischer Fallgruppen-Beauftragter) im Krankenhausmanagement eröffnen würde. Auf meinem Kittel – den ich eigentlich auch nicht mehr benötigte – wären jedenfalls keine Blutflecke, eher schon Tintenflecke geraten.

Ist das, was ich bis hierher ausgeführt habe, Sichtweise und Erkenntnis eines 69 Jahre alten Rentners, wird es Zeit, zu überprüfen, wie junge Menschen ihre Lebensarbeit sehen. Wie und wofür – ist die Frage – lernt die Generation meiner Enkelkinder? Wer oder was bewegt sie, fleißig zu sein oder müßig, Freude am Tun zu erfahren oder Frust?

Wenn ich Antworten auf diese Fragen geben soll, rückt die Freiheit der Entfaltung, das Glück oder Pech der Abstammung, das Existieren von Erwartungshaltungen einer Gesellschaft, die sich über mehr als 70 Jahre ohne kriegerische Konflikte entwickeln konnte, ganz in den Vordergrund. In dieser „Gemengelage" an sich selbst zu arbeiten, sich in Bezug auf sein Leben für oder gegen Orientierungen zu entscheiden, mit denen sich ein schönes Leben gestalten lässt, ist anders geworden.

Die Generation meiner Enkelkinder entwickelt Vorstellungen über ihre Zukunft, die mit den Erwartungen meiner Generation an ein erfolgreiches Erwachsenenleben in beinahe nichts mehr zu vergleichen sind. Diese Feststellung trifft auf fast alle Lebensbereiche zu und hat – nicht nur für den Lebensbereich Arbeit, wie wir noch sehen werden – die Qualität eines Paradigmenwechsels. Dass eine Veränderung von Vorstellungen über „Lebenswerte" in einem Zeitraum von zwei Generationen stattfindet, darf nicht überraschen. Welches Ausmaß jedoch diese Veränderung angenommen hat, muss nachdenklich machen. Meine Großeltern erlebten zwei Weltkriege, meine Eltern noch einen. Ich dagegen bin Zeitgenosse der Generation, die Kriege aus dem Fernsehen, der Zeitungsberichterstattung, literarischen Werken kennt und natürlich aus den Berichten meiner Eltern und Großeltern – wenn die denn überhaupt darüber redeten. Meine Erwartungen an eine erfüllende Arbeit waren eingebettet in die Aufbruchstimmung des beginnenden Wirtschaftswunders der Nachkriegszeit in einem durch Verbrechen gegen die Menschlichkeit traumatisierten Deutschland. Bei aller Unterschiedlichkeit der Hoffnungen und Erwartungen an das Leben gab es zwischen meinen Großeltern, Eltern und mir jedoch keine nennenswerten Differenzen über Inhalt und Bedeutung von Arbeit. Ich kann mich jedenfalls nicht daran erinnern, als junger Mensch jemals intensiv über Arbeit nachgedacht zu haben. Arbeit war einfach ab einem bestimmten Moment im Leben da, gehörte irgendwie selbstverständlich zum Alltag. Diese Feststellung soll uns noch einen Moment beschäftigen. Wie ich schon erahnte, reicht die eingangs des Kapitels niedergelegte Definition von Arbeit nicht aus. Sie ist zu nüchtern, seelenlos, um Inhalt und Bedeutung für uns umfassend widerzuspiegeln, also die Frage zu beantworten, warum ich und viele von Ihnen Arbeit brauchen, unsere Enkelkinder jedoch vermutlich nicht im gleichen Sinne.

Aus einer ganzen Reihe von Gründen ist Arbeit, genauer das Beschäftigt-Sein (siehe Abb. 2) mit einer Aufgabe, die von anderen Menschen mindestens als nützlich angesehen und in ihrer Gesellschaft durchgeführt wird, für viele (vielleicht die meisten) von uns unverzichtbar. Vergliche man unseren Alltag mit einem Regel-kreis, könnte man Arbeit als eine Stellgröße ansehen. Sie wird so als Takt- und Sinngeber für unsere täglichen Aktivitäten, unser Handeln, nachvollziehbar, übernimmt Ausrichtungsfunktionen für die Ablaufgestaltung und wird jäh vermisst, sobald sie fehlt (z.B. bei längerer Krankheit oder im Urlaub). In dieser sinngebenden Bedeutung von Erwerbsarbeit scheint sich unsere Hilflosigkeit zu offenbaren, ohne äußere Konditionierung auskommen zu können. Diese Abhängigkeit wird schnell erlebbar, wenn Arbeit über einen längeren Zeitraum fehlt, sich ein Ungleichgewicht einstellt, das au-ßer krank auch unleidlich macht.

Arbeit als Erwerbsarbeit definiert sich auch durch ein sinnvolles Verhältnis zwischen Arbeit und Nicht-Arbeit (Leben!?). Was macht Arbeit so bedeutend, dass ihr Fehlen krank machen kann? Ihr Sinn! Der kann für jeden etwas unterschiedliches bedeuten, hängt jedoch letzten Endes vom Ausmaß der materiellen und ide-ellen Erfüllung ab, die Arbeit zum Glück des Lebens beisteuert. Besorgniserregend sind Umstände, die dazu führen können, dass trotz ausgeübter Erwerbsarbeit keine Erfüllung wie oben beschrie-ben eintritt (s. später), alle Lebensaktivitäten auf das alltägliche Überleben reduziert sind.

Zurück zu der Frage, wie meine Enkelkinder wohl Arbeit wahrneh-men und ob sie davon auch genug haben werden. Bedeuten wird ihnen Arbeit genauso viel wie mir, daran jedenfalls lassen Online-Umfragen der Bertelsmann Stiftung und der Gesellschaft für Kon-sum-, Markt- und Absatzforschung e. V. (GfK Verein) keinen Zwei-fel (6). Lassen wir einmal für einen Moment unberücksichtigt, ob die ausgewählte Stichprobe von knapp über 1000 Personen in dieser Umfrage repräsentativ war und die Fragen nicht suggestiv, so zeigt das Ergebnis über den Stellenwert von Arbeit bei deut-schen Erwerbstätigen keinen auffälligen Unterschied in vier ver-schiedenen Altersgruppen (18-29 , 30-39, 40-49 und 50-60 Jahre). Nur Familie und Partnerschaft (erster Platz) wird in den 4

Altersgruppen eine noch größere Bedeutung als Arbeit und Beruf eingeräumt. Auf dem dritten Platz rangiert die Freizeit.

Für mehr als die Hälfte der Befragten ist Arbeit unabhängig von der Notwendigkeit, damit Geld zu verdienen, bedeutend, hier sogar besonders in der Gruppe der 18-29-jährigen. Je höher das Bildungsniveau der Befragten, umso größer ist ihre Bereitschaft, trotz finanzieller Absicherung einer Berufstätigkeit nachzugehen. Der Bezug von Arbeitslosengeld (Arbeitslosigkeit) jedenfalls stellt für die große Mehrheit keine Alternative zur Arbeit dar.

Die vorgestellten Ergebnisse müssen allerdings mit größter Vorsicht beurteilt werden. Die Rolle der Bildung, die durch Ausbildung in der Schule und durch die Atmosphäre im Elternhaus (kreative, Neugierde fördernde oder erdrückend fatalistische Atmosphäre), eine Basis für die Auswahl der beruflichen Selbstverwirklichungsziele darstellt, hat sicher eine nicht zu unterschätzende Veränderung erfahren.

Der Stellenwert von Arbeit im Wandel

Weil wir auf dem besten Wege sind, Veränderungen, die sich in den letzten 70 Jahren ereignet haben, als Auslöser für **neue Realitäten** verantwortlich zu machen, ist ein kurzes Innehalten ratsam. Schließlich soll die Analyse nicht zu fehlerhaften Ergebnissen, also zu a priori falzifizierbaren Erkenntnissen führen. Wenn es maßgebliche Veränderungen gab (und fortgesetzt gibt), ist die Frage zu klären, woran sie jenseits aller subjektiven Wahrnehmung als Ursache zu erkennen und welche durch sie ausgelösten Wirkungen von Bedeutung sind und schließlich womit wir die Bedeutung des angenommenen Wandels messen. Damit die Bearbeitung dieses Fragenkomplexes gelingt, gehen wir wie folgt vor:

i.) Zunächst prüfen wir, ob und wie sich Instrumente und Inhalte der Ausbildung geändert haben, die sich auf die Allgemeinbildung auswirken (können) ii.) Dann suchen wir nach Be- (Hin-)weisen für die dadurch erzielten Ergebnisse

iii.) Schließlich beurteilen wir die Tragweite der Ergebnisse an einigen konkreten Beispielen, um herauszufinden, welche Messgrößen sich zur Ermittlung des eingetreten Wandels eigenen.

Instrumente und Inhalte der Ausbildung

Auf den föderal bedingten Flickenteppich im Bildungswesen Deutschlands (unterschiedliche Schulformen, Ausbildungspläne und -anforderungen) wird nachfolgend nicht weiter eingegangen (werden können). Einzig die Feststellung soll erlaubt sein, dass diese deutsche Eigenart der landesweiten Ausbildungsorganisation für die in Ausbildung befindlichen nur Nachteile mit sich bringt. Umso erstaunlicher ist es, dass dieser Anachronismus bereits 70 Jahre lang fortbesteht. Das Instrument Schule jedenfalls, das ich als ehemaliger Schüler und Vater von Schülern beurteilen kann, erscheint mir nicht geeignet, Allgemeinbildung herzustellen und schon gar nicht in gerechter Weise.

Im (wiedervereinigten) Deutschland von heute z. B. gibt es kein Zentralabitur, also eine für alle deutsche Abiturienten gleiche Prüfungsanforderung. Die Festlegung der Anforderungen ist nach wie vor Ländersache und in wenigen Ausnahmefällen sogar einzelnen Schulträgern anheimgestellt. Auch ein Verweis auf die sogenannte Kultusministerkonferenz (KMK) als vermeintlich übergeordneter „Institution" mit Weisungsbefugnis hilft nicht weiter. Die KMK hat keine Entscheidungsbefugnis, ihre „Weisungen" haben nur empfehlenden Charakter. Untersuchungen über die schulischen Leistungen von Schulkindern in der ganzen Welt im Rahmen der PISA-Studien (Programme for international Student Assessment) der OECD (Organisation for Economic Co-operation and Development) haben für deutsche Schüler zwei ernüchternde Tatsachen zutage gefördert: einen im internationalen Vergleich sehr mageren Bildungserfolg (gemessen als altersgemäßen Lernerfolg) und klare Disparitäten der Chancen auf Bildung, die einen eindeutigen Zusammenhang mit Herkunft und Elternhaus aufweisen. Der nach Veröffentlichung der ersten dieser Studien im Jahr 2001 ausgelöste Schock über das schlechte Abschneiden deutscher Schulkinder hat bei der KMK die Gründung des Instituts zur Qualitätsentwicklung im Bildungswesen ausgelöst. Bundesweite „Bildungsstandards" gibt es also erst seit 17 Jahren. Man kann sich gut vorstellen, mit welcher Heftigkeit Diskussionen über die Implikationen der PISA-Studien erfolgten. Bei aller methodischen Kritik an der Durchführung, Validität und Statistik sowie Interpretation der Ergebnisse dieser Studien, haben sie eines geleistet: auf die Überheblichkeit, vielleicht auch nur Faulheit, auf jeden Fall jedoch Gleichgültigkeit hinzuweisen, mit der die gesellschaftliche Verantwortung für die Festlegung und Anpassung eines alltagsrelevanten Bildungsziels/Bildungsniveau ignoriert wurde (und wohl weiter ignoriert wird).

Wenn diese Feststellung richtig ist, ergibt sich die Frage, warum es so schwierig ist, Bildungsziele festzulegen. Eine Antwort auf diese Frage ergibt sich aus der Suche nach einer allgemeinverbindlichen Definition für den Begriff „Bildung". **Die gibt es ganz offensichtlich nicht!** Sehr wohl existiert dagegen ein Bildungsverständnis (sozusagen eine operative Ersatzdefinition), welches sich z. B. aus dem Bericht über die Bildung in Deutschland 2018 (7) extrahieren lässt und die Auffassung eines Autorenkollektivs ausgewiesener pädagogischer Experten widerspiegelt. In diesem Verständnis werden Bildungsziele in 3 Ebenen ausgewiesen:

    a.   Individuelle Regulationsfähigkeit
    b.   Gesellschaftliche Teilhabe und Chancengleichheit
    c.   Humanressourcen

Die unter a.) aufgeführte Ebene der Bildung beschreibt das zu erreichende Ziel der pädagogischen Maßnahmen und zu vermittelnden Wissensinhalte, das in der Befähigung junger Menschen bestehen soll, ein Verhältnis zur Umwelt zu entwickeln, mit dem das eigene Leben in der Gemeinschaft selbständig geplant und gestaltet werden kann. Mit der unter b.) angesprochenen sozialen

Ebene ist der Auftrag gemeint, dafür zu sorgen, dass Benachteiligungen durch soziale Herkunft, Geschlecht, ethnische oder religiöse Zugehörigkeit oder anderer Merkmale systematisch abgebaut werden. Schließlich meint die unter c.) aufgeführte (markt)wirtschaftliche Ebene, des Bildungsauftrags, dass es bei der Vermittlung von Kompetenzen auch (und besonders) darauf ankommt, die individuellen Neigungen und Fähigkeiten für eine Erwerbsarbeit zu fördern. Dieses Bildungsverständnis ist erstaunlich utilitaristisch geprägt, nicht wirklich überraschend für eine Gesellschaft, für die Wohlstand, Wachstum und Wettbewerb maßgeblich ist. Sehr überraschend dagegen ist vor diesem Hintergrund das in den PISA-Studien ermittelte mittelmäßige bis schlechte Ergebnis in allen drei Bereichen der Bildungsvermittlung.

Für die Beantwortung der Eingangsfragestellung nach Veränderungen von Instrumenten und Inhalten – also den Konzepten des Lehrbetriebs – mit Wirkung auf die Allgemeinbildung sind wir durch diesen Exkurs nicht weitergekommen. Allerdings hilft die Erkenntnis, dass Schule (inklusive Hochschule) nicht der Bildungsort ist, sondern allerhöchstens das („Fakten-") Wissen bereitstellt, das als eine Elementarkompetenz der Bildung gelten kann. Diese Kompetenz ist messbar und mit ihr eine Veränderung der Wahrnehmung der dinglich-stofflichen Welt, die uns umgibt, eine Wahrnehmung, die sich in einer Zunahme der Oberflächlichkeit und Gleichgültigkeit am deutlichsten äußert.

Dass Schule mehr sein muss als Vermittlungsort von Wissen, steht außer Frage. Schule ist auch Sozialisierungsort, also Teil des öffentlichen Raums in der Gesellschaft, in dem soziale Kompetenzen (ein weiterer, elementarer Bestandteil der Bildung) entstehen. Was wir eigentlich schon vorher wussten findet sich durch diese Analyse bestätigt: Schule als Institution kann Kompetenzentwicklungen kanalisieren durch Bereitstellung von Anreizen (begabte Lehrer, stimulierender Unterricht) jedoch nicht als Leistungsversprechen garantieren. Das Zustandekommen von Bildung in einem umfassenderen Sinne hängt in komplexer Weise davon ab, wie sich jeder von uns die Gesellschaft wünscht und vorstellt, der er/sie angehören möchte. So gesehen hat sich eigentlich nichts verändert – oder anders ausgedrückt sind die zu beobachtenden Auffälligkeiten bei der Generation meiner Enkelkinder durch Gründe zu erklären, die höchstens vordergründig mit Schule zu tun haben. Was uns nach dieser Zwischenanalyse jedoch noch weiter beschäftigen muss, ist die Arbeit an einer zeitgemäßen Definition von Bildung. Wir können die inhaltliche Ausgestaltung des Bildungsbegriffs nicht einfach auf die Lehrer abwälzen, ihnen allein überlassen. Werte-Schöpfung ist eine gesamtgesellschaftliche Aufgabe, für die sich, so mein Eindruck, keiner mehr verantwortlich fühlt. Jedenfalls reichen Zeugnisse (allgemeiner: anerkannte Abschlüsse) als Nachweis formaler Bildung innerhalb staatlicher Einrichtungen dafür nicht aus. Viele Anzeichen, die das Auseinanderfallen unserer Gesellschaft zeigen (Egoismus, Respektlosigkeit, Empathielosigkeit), gehen auf mangelnde Bildung (fehlende Werte-Vermittlung) zurück. Wer nicht gelernt hat zu untersuchen, (kritische Fragen zu stellen) wird nicht verstehen, wer nicht versteht, kann kein Verständnis für eine Situation oder ein Schicksal entwickeln geschweige denn einen Ausweg oder eine Lösung finden. Noch viel wichtiger jedoch, als zu lernen, wie man untersucht und was man mit den Ergebnissen anfängt, ist zu begreifen wann und warum ein Anlass besteht, sich mit einer Untersuchung zu beschäftigen, seinen Werte-Kompass anzuwenden, sein „ethisches Gewissen".

Schule und Beruf – Gegensätze oder Ergänzungen?

Wenn ich Oberflächlichkeit in der Generation meiner Enkelkinder beobachte, ist damit u. a. auch das schnelle Anstreben eines auskömmlichen Berufes gemeint, der einen befriedigenden Lebensstil ermöglicht. Viele Entwicklungschancen werden einem materiellen „Hauptziel" geopfert, mindestens jedoch untergeordnet. Die Rede ist von der gesellschaftsgestaltende Rolle des Geldes, das omnipräsent ist um seine Omnipotenz zu manifestieren. Abhängig vom Status der Eltern wird bereits während der Schulzeit das Leistungsprinzip vorherrschen und als wichtigster Wert vor der späteren Berufstätigkeit aufgebaut. Der frühe Umgang mit Belohnungssystemen resultiert in einer hohen Affinität für das Einnehmen („Verdienen") von Geld als ultimativer Rationale des Handelns. Lebensinhalt definiert sich nicht mehr über Werte wie Altruismus, Solidarität oder Beruf als Berufung. Und dies ist sicher ein wesentlicher, wenn nicht der wichtigste Grund dafür, dass Solidarität in unserer Gesellschaft gerade wieder rückläufig ist. Spätestens an dieser Stelle muss ich auf die Einteilung der Gesellschaft in ganz und gar unterschiedliche „Welten" zu sprechen kommen, um sicherzustellen, dass meine Analyse und die daraus abgeleiteten Forderungen nicht zu unsinnigen, falschen oder irreführenden Verallgemeinerungen führen.

Im Spannungsfeld zwischen Celebrity-Yuppies und Hilfsarbeitern ohne Schulabschluss gibt es kaum noch kaskadierte Übergänge. Es ist sicher nicht übertrieben, wenn man unsere Gesellschaft in „Lager" aufteilt, die einander unversöhnlich, bisweilen feindlich und kulturell so weit voneinander entfernt gegenüberstehen, dass man beinahe von zwei Gesellschaften sprechen kann. Und tatsächlich ist dieses Auseinanderdriften ja auch schon als die Entstehung und Entwicklung von „Parallelgesellschaften" bezeichnet worden (allerdings ursprünglich in einem anderen Zusammenhang, nämlich dem, der die Abgrenzung ethnischer Minderheiten in einer Gesellschaft meinte, die ebenfalls stattfindet).

Für die hier gemeinte „Entzweiung" der Gesellschaft sehe ich das Vermögen als Grund an, das in unserer Gesellschaft extrem ungleich verteilt ist. Das reichste Prozent der Bevölkerung besitzt ⅓ des gesamten Vermögens (8), die reichsten 10% beinahe ⅔ des Gesamtvermögens. Diese „Schiefverteilung" des Vermögens macht etwas mit den Menschen, verändert den Charakter in beiden Gruppen, den Reichen und den Armen (oder Ärmeren). Leider – so meine Beobachtung – hat diese Entwicklung schon viel Schaden angerichtet, der kaum noch gut zu machen ist. Falls keine Korrektur der Schieflage erfolgt, wird weiterer Schaden angerichtet, der die eingetretene Aufspaltung unserer Gesellschaft weiter vertiefen wird. Wer die Argumentationsweise von Politikern in Deutschland und den europäischen Nachbarstaaten kritisch analysiert wird erkennen, dass über die Ursachen der Entstehung von zwei Parallelgesellschaften, in denen Menschen mit zwei völlig unterschiedlichen Lebenserfahrungen aufwachsen, kaum nachgedacht wird. Der Skandal gipfelt in der arroganten Interessenlosigkeit der Vermögenden an den um Chancen betrogenen, ja gedemütigten Ärmeren in unserer Gesellschaft. Dies, so befürchte ich, wird sich irgendwann in einer vorhersehbaren Zukunft bitter rächen. Dabei wird es den Habenden nichts nützen, durch abenteuerliche Verästelungen der Besitzverhältnisse den tatsächlichen Besitzstand zu verschleiern, auch nicht, um dadurch Steuerzahlungen zu entgehen, die für die Realisierung des berechtigten Anspruchs der ärmeren so dringend benötigt werden. Weit entfernt davon, diesen notwendigen Exkurs in eine ernüchternde Realität polemisch abzuhandeln, muss ich daran erinnern, dass es hier um die moralische Verpflichtung geht, denjenigen zu helfen, die mit ihren Mitteln kaum ihren Bedarf decken können. Diese Situation ist ja erst dadurch entstanden, dass die Vermögenden legale Möglichkeiten zur Vermögensmehrung auf Kosten von Entbehrungen des ohnehin schon einkommensschwachen Teils der Gesellschaft ausnutzten. Darauf kommen wir noch zurück.

Die gegenwärtige Entwicklung, erkennbar an nicht mehr bezahlbarem Wohnraum für viele arbeitende Menschen und für junge Studenten, am Ausschluss vom Besuch weiterführender Schulen und/oder vom Studium bestimmter Fächer für die Kinder weniger solventer Eltern oder alleinerziehender Müttern (oder Vätern), ist nicht tolerierbar. Chancengleichheit durch uneingeschränkte Teilhabe an Bildung war das Geschenk für meine Generation, das uns die Gründungsväter und -mütter des Nachkriegsdeutschland überreichten. Zugegeben, dieses Geschenk war in den 50er Jahren des vergangenen Jahrhunderts noch einfacher zu ermöglichen und zu begründen. Es gab einen enormen Bedarf an leistungswilligen und schöpferischen Menschen. Natürlich besteht dieser Bedarf fort. Die Wiedereingliederung Deutschlands sowie anderer vom Krieg geschundener europäischer Länder in die internationale „Wirtschaftsgemeinschaft" hat innerhalb von 1,5 Generationen völlig neue Grundlagen geschaffen, die den Schulbetrieb (die Bildung) ebenso wie die Arbeitswelt extrem herausgefordert haben. Mit der Globalisierung ist alles anders geworden.

Was die Väter und Mütter meiner Generation ihren Kindern predigten, also sich nach besten Kräften zu engagieren, um eine gute Ausbildung zu erhalten, ist auf fruchtbaren Boden gefallen, hat jedoch auch etwas entstehen lassen, was wir nicht vorhergesehen haben: eine vernetzte, zutiefst ungerechte Welt der Arbeit! Meine Enkelkinder stehen nicht mehr nur im Wettstreit mit ihren Artgenossen aus anderen Weltregionen, sondern auch noch mit den weiterentwickelten Generationen intelligenter Roboter und sehen sich einer immer größer werdenden Anonymität möglicher Arbeitgeber gegenüber.

Schule und Beruf stehen sich zwar nicht im Wege (sind also keine sich ausschließenden Gegensätze). Als wirkliche Ergänzung kann man sie jedoch auch nicht einordnen, so als würde Schule alles substanziell Wichtige vermitteln, was man später beruflich benötigt. Insbesondere der höher qualifizierende Schulabschnitt an der Hochschule muss sich Kritik gefallen lassen. Der mündige Mensch, der seine erkenntnistheoretische Schulung durchlaufen und das erworbene Wissen auf sich selbst anwenden kann, ist nur selten das Ergebnis dieser Ausbildungszeit. Meistens stehen weitere Fachidioten am Ende dieser Periode für den Arbeitsmarkt zur Verfügung, weil unsere bloße Existenz, also das tägliche „Überleben" von dem mit der Arbeit verdienten Geld abhängt. Und damit nicht genug: dieses Geld muss auch noch dafür ausreichen, dass wir einen Lebensabschnitt nach der Arbeitszeit – der vermutlich in Kürze erst ab dem 70ten Lebensjahr beginnt – ohne existentielle Ängste überstehen können.

Die Lernmaschine Mensch – Konsequenzen einer Kultur der Daten

Ohne lebenslanges Lernen werden meine Enkelkinder keine Zukunft haben, und wo das Lernen anfängt, war früher unbekümmerte Kindheit. Die gibt es so nicht mehr!

Was zu meiner Kindergartenzeit als vorübergehendes Aufwachsen unter weitgehend kontrollierten Bedingungen außerhalb des Elternhauses der Notwendigkeit geschuldet war, Eltern zeitweise eine Entbindung von ihrer Aufsichtspflicht zu genehmigen (aus berufsbedingten Gründen), ist heute bereits ab dem zweiten Lebensjahr der Beginn der Schulzeit - zu diesem Zeitpunkt noch Vorschule genannt. Der Vollständigkeit halber müsste ich hier auf wesentliche Unterschiede zwischen den Gepflogenheiten in den beiden deutschen Staaten zu dieser Zeit eingehen (z. B. darauf hinweisen, dass es in der ehemaligen DDR auch Kinderkrippen gab, in denen sich Betreuerinnen bereits um Säuglinge ab dem dritten Monat kümmerten, weil arbeitstätigen Frauen nur ein 3-monatiger „Schwangerschaftsurlaub" zugebilligt wurde). Ich werde diese interessanten Details jedoch nicht vertiefen, weil sie zu meiner Botschaft nicht beitragen, die darin besteht, dass sich Inhalt und Zweck der außerfamiliären Sozialisation im frühen Kindesalter nach 2 Generationen praktisch nicht mehr vergleichen lassen. Die Kindergärtnerin meiner Jugendjahre und die „Krippenfrau" in der DDR waren mehr oder weniger liebenswerte weibliche Angestellte mit der Aufgabe, auf die „Blagen" aufzupassen. Kleinere Unterschiede in der großen Gruppe dieser „Kümmerer" (ohne die das „Wirtschaftswunder" oder die „sozialistische Planwirtschaft" vermutlich weniger erfolgreich gewesen wären) brachte die Unterteilung in staatliche und konfessionelle Abgabe- und Verwahranstalten für Kinder berufstätiger Eltern mit sich. Waren Krippen- oder Kindergärtenplätze schon damals nicht einfach verfügbar, nahm man als konfessionsloses Elternpaar dann auch schon einmal vorübergehende christliche Indoktrinierung der Kinder in Kauf. Der angerichtete Schaden hielt sich meist in Grenzen und konnte leicht repariert werden. Ich schweife ab! (Jede Zeit hat ihren Charme und verführt zur Klugscheißerei).

Um die wichtigen Veränderungen zu erfassen, die quantensprung-artig und disruptiv stattgefunden haben und weiterhin stattfinden, muss man keine vollständige Analyse des europäischen Bildungssystems vornehmen. Wo immer (also in welchem Land) man damit beginnt, man landet sehr schnell bei der Einsicht, dass die Geschwindigkeit, mit der sich Lebensbedingungen und Anforderungen an die Führung eines Lebens in Würde verändern, so hoch ist, dass ein zielführendes Reagieren auf die Veränderungen, sozusagen ein Vorbereiten auf die neue Situation, nicht mehr möglich ist. Ich hatte diese Situation in meinem ersten

Buch (4) schon als die sonderbare Erscheinung beschrieben, wonach Veränderung mit einer Geschwindigkeit stattfindet, mit der Heute Gestern wird, ohne dass wir eine Chance hatten, das Heute überhaupt als Ergebnis des Gestern zu begreifen. Die Ablösung existierender Lebensgestaltungsmodelle (Geschäftsmodelle des Lebens mit allen dazugehörigen Wertesystemen und Spielregeln) durch neue geschieht in immer schnellerer Abfolge mit immer „zerstörerischer" Auswirkung vornehmlich auf der Basis von Entwicklungen in der digitalen Welt. Es nützt auch nichts, zur Untermauerung dieser Aussagen die mit deutscher Gründlichkeit durchgeführten statistischen Erhebungen heranzuziehen. Sie repräsentieren quasi nur den Farbanstrich unserer heutigen Gesellschaft. Die Beschaffenheit des Gebäudes (Gesellschaft) oder die Behaglichkeit (sozialer Konsens) der Räume (Gestaltungsmöglichkeiten) werden dadurch nicht erfassbar. Ein Vierteljahrhundert hat ausgereicht, unsere „analoge" Kultur so zu verändern, dass strategisches Können und planerische Fähigkeiten keinen Pfifferling mehr wert sind. Was in Zukunft wichtig ist, was man heute richtigerweise tun sollte bzw. falscherweise besser nicht unterlässt, entscheidet sich nicht in den Klassenzimmern überforderter Schulen oder den Hörsälen hochspezialisierter Universitäten – sondern in den zu virtuellen Strukturen verschmolzenen Unternehmungen, die durch soziale Medien entstehen. Mit dieser Herausforderung ist eigentlich erst einmal erkenntnistheoretisch umzugehen, bevor das Kapitel „Arbeit" weitergeschrieben werden kann. Ich verschiebe diese Notwendigkeit jedoch auf einen späteren Zeitpunkt, damit ich hier nicht unterbrechen muss.

Halten wir einmal fest, welches sichere Wissen über Arbeit wir noch besitzen (s. auch Abb. 3). Arbeit als Garant für meine Existenz ist *einerseits* gesellschaftlich, also durch die Prosperität der Volkswirtschaft des Staates, in dem ich lebe, determiniert. Bei möglichem, vorübergehenden Wegfall meiner Arbeit wegen Insolvenz (oder anderer unternehmerischer Entscheidungen) meines Arbeitgebers, kann ich auf soziale Auffangnetze vertrauen, die der Staat für solche Fälle geschaffen hat. Zur Aufrechterhaltung dieser Sicherheitsleistung trage ich durch Zahlung von Steuern auf mein Gehalt wesentlich bei, auch wenn ich möglicherweise nie in meinem Arbeitsleben von einem solchen Auffangnetz Gebrauch machen muss. Auch das Unternehmen, für das ich arbeite, trägt durch Steuern auf seine Gewinne und andere Steuerarten zu den Sozialleistungen bei. Es sind also drei Parteien, die auf Arbeit als Faktor für das Funktionieren einer Volkswirtschaft angewiesen sind: der Arbeitnehmer (auch als Arbeitsloser!), der Arbeitgeber (egal ob Einzelunternehmer oder Großunternehmen) und der Staat (als Kombination aus Bund und Ländern) als Organisator einer sozialen Infrastruktur.

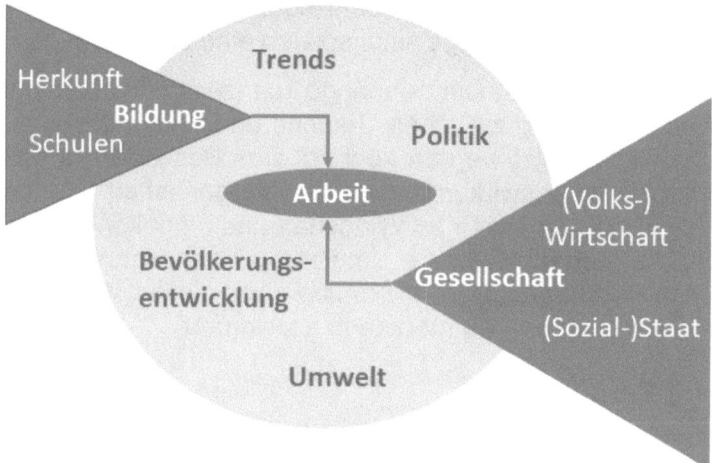

Abb. 3: Arbeit im Kontext individueller und allgemeiner Einflussfaktoren.

Welcher Arbeit ich nachgehe ist *andererseits* von meiner Bildung abhängig, die mir durch meine intra- und extrafamiliäre Erziehung vermittelt wurde. Meine intrafamiliäre Erziehung hängt mit der Herkunft meiner Familie (vordergründig der Herkunft meiner Eltern) zusammen, unter anderem auch mit dem Vermögen oder der Armut, dem Bildungsniveau und den Beschäftigungen (Erwerbstätigkeiten) meiner Eltern. Es ist trivial festzuhalten, dass es für meine Chancen einen großen Unterschied bedeutet, ob meine Eltern selbständige Unternehmer mit akademischer Bildung oder ungelernte Arbeiter in prekären Beschäftigungsverhältnissen sind. Der durch Ausbildung in öffentlichen Schulen zustande gekommene Teil meiner Bildung ist vom Glück abhängig. Wie bereits vorher gezeigt ist Bildung Ländersache (in Deutschland) und fällt daher Bundesland-spezifisch unterschiedlich gut aus (die schon erwähnten PISA-Studien haben das bestätigt). Hinzu kommt wie bei allen Dienstleistungsangeboten (egal ob öffentlich oder privat), dass es fähige und weniger fähige Lehrer gibt, ein Faktor für die Persönlichkeitsentwicklung, der nicht zu unterschätzen ist. Das Schüler/Lehrer-Verhältnis (je weniger Schüler pro Lehrer umso effizienter) und die Ausstattung der Schule mit Spezialisten im Lehrerkollegium, die Talente erkennen können und auch zu fördern in der Lage sind, spielen eine sehr wichtige Rolle.

Die beschriebenen Zusammenhänge kennzeichnen allerdings nur die Wechselwirkung zwischen Ursache und Wirkung, die als bekannt vorausgesetzt werden können. Das Besondere am Heute mit erheblichen Auswirkungen auf das Morgen ist auf Trends, auf das Verhältnis von Politik zu Wirtschaft und umgekehrt zurückzuführen, die wiederum unsere Umwelt als Lebensgrundlage ganz erheblich verändern. Deshalb müssen wir diesen wichtigen Aspekten ausreichende Aufmerksamkeit widmen.

Wird „Arbeit" eine Zukunft haben?

Die über Jahrhunderte entstandene Bestimmung unserer Einstellung zur Arbeit und damit zur Gestaltung unseres Lebens durch traditionelle Einflussfaktoren ist dabei, sich aufzulösen. Die normativen Stellgrößen auf unsere Erziehung und unser Können (Elternhaus und Schule) einmal beiseitegelassen, sind es Veränderungen mit dem Ergebnis, gesellschaftliche Trends zu erzeugen, die unsere Gestaltungsräume jetzt und in verstärktem Maße in der unmittelbaren Zukunft prägen werden. Mit Blick auf die Vermögensverhältnisse (8) geht ein Ordnungsprinzip der Gesellschaft verloren: die sogenannte Mittelschicht erodiert nach unten (ein wenig auch nach oben). Die enorme Konzentration von Vermögen im Besitz sehr weniger Menschen wird zunehmen. Diese Tatsache allein ist noch nicht besorgniserregend. Wirklich beängstigend ist dagegen, dass Reichtum und Macht unter den bereits

Mächtigen sich zu einem ungehemmten Kapitalismus auswachsen, der den Anteil jener Menschen von aktuell etwa 40% der Bevölkerung, die gerade noch so über die Runden kommen Monat für Monat, stetig weiter wachsen lassen. Ebenso beängstigend ist, dass Politik daran nichts ändert, weil Politiker im selben Wettbewerb um eine möglichst verheißungsvolle Existenz gefangen sind. Außerdem schleppt die Politik noch die schwere Kleidung der Vergangenheit mit sich herum, hält sich in Parteien als Unternehmensform auf, die glauben, einen Markt bedienen zu müssen, den man etwas nebulös als gesellschaftliche Mitte bezeichnet. In Wirklichkeit ist das „Volk der Wähler" jedoch mit den Bloggern und Jobsuche-Portalen des Internets beschäftigt, hat die Hoffnung auf Besserung durch politische Programme längst beerdigt und lässt Dampf ab in den sozialen Medien. Der unter „Digitalisierung" schlecht charakterisierte (eigentlich gar nicht definierte) Trend, also die Entwicklung immer leistungsfähigerer Software-Programme, insbesondere jedoch die Verwendungsziele dieser digitalen Erfindungen werden uns in eine zunehmende, irgendwann nicht mehr beherrschbare Abhängigkeit führen **oder** eine ganz neue Kultur entstehen lassen. *Digitalität* ist als Begriff für diese neue Kultur, die dabei ist, zu entstehen, geprägt worden (10). Bei aller stattfinden Auslegungsvielfalt dieses sehr jungen Begriffs lässt er sich noch (!) verstehen als die Vernetzung zwischen der analogen und der digitalen Welt, die jede für sich aus Technologien der Wahrnehmung, Kommunikation und Koordination besteht. Aus eben dieser Vernetzung im Laufe von Prozessen, die zur Transformation einer „offline" in eine „online"-Welt führen, entstehen ganz neue Möglichkeiten der Selbsterfahrung, des Lernens und der Eintauchtiefe in z. B. geschichtliche Zusammenhänge mit unterschiedlichen Geschwindigkeiten. Die Erkenntnis unterschiedlichster Zusammenhänge kann an individuelle Fähigkeiten und Vorlieben angepasst werden. Entscheidend ist hierbei, dass das nutzbare Angebot offen („open source") ist für jeden und ebenso so offen ist für seine Weiterentwicklung. Hier, so erscheint es für mich, kann sich etwas wiederholen, was den Biophysiker Manfred Eigen – den ich die Riesenfreude hatte, als junger Student 1969 persönlich zu begegnen – zu Nobelpreisruhm brachte.

Seine Vorstellung von sogenannten Hyperzyklen als Erklärung für die Entstehung präbiotischer (also vor der Zeit, als Leben existierte), sich selbst replizierender chemischer Systeme (wie z. B. der Ribonukleinsäure, RNS) könnte, angewendet auf die stattfindende Entwicklung künstlicher Intelligenz (Roboter, die sich selbst verbessern), eine Grundlage für die Einleitung einer neuen Evolutionsepoche sein. Sind wir im Zeitalter des Anthropozän (also einem Zeitalter, in dem Menschen die Hauptverursacher von Veränderungen in allen Bereichen der Welt geworden sind [9]) tatsächlich dabei, „Gott" zu spielen? Hat uns der technische Fortschritt zum Größenwahn verführt?

Jedenfalls kann man schon so viel anmerken: uns fehlt die Größe zu großen Entwürfen, wir sind unendlich fehlbar und ziemlich stümperhaft. Das zeigt unsere Geschichte und macht mich sehr nachdenklich, gleichwohl nicht hoffnungslos.

Nur zur Erinnerung: wir sind immer noch dabei herauszufinden, was auf unsere Enkelkinder zukommt. Einige wichtige Fragen im Zusammenhang mit unseren **postbiotischen** (künstliche, nicht lebende Systeme aus Menschenhand [11]) Gipfelstürmereien sind noch zu beantworten, bevor wir uns mit der Umwelt beschäftigen werden. Wieviel Arbeit wird die künstliche Intelligenz zerstören oder gar neu hervorbringen? Sind wir der absehbaren Veränderung und der Geschwindigkeit, mit der sie sich vollzieht, gewachsen?

Um es vorwegzunehmen: Was durch oder mit Datenverarbeitung (**Daten sind der neue Wert der Wirtschaft**) im engeren oder weiteren Sinne alles möglich sein wird nach all dem, was schon möglich ist, beschäftigt klügere Menschen als mich. Aus Respekt vor dem sich ständig vergrößernden Gebiet der Datennutzung im Rahmen computergesteuerter Prozesse sowie deren Anwendung zu immer neuen Zwecken (das ist meine Übersetzung von *„Digitalisierung"*) verweise ich auf sachliche Berichte (14, 15) zur vertiefenden Beschäftigung. Gleichzeitig warne ich vor den „Trend-Wellenreitern", die ihre Druckwerke verkaufen (möchten), solange das Meer in Bewegung ist! Ich genüge mir in der Aufgabe, aus dem Riesensalat an Einzelheiten einige der wesentlichen hier zusammenfassen.

15 Prozent der sozialversicherungspflichtig Beschäftigten in Deutschland im Jahr 2013 sind nach Untersuchungen (12) einem sehr hohen Substituierbarkeitspotenzial ausgesetzt, also in einem Beruf beschäftigt, bei dem mehr als 70 Prozent der Tätigkeiten heute schon durch Computer ersetzt werden könnten. In der Automobilindustrie, einem der größten Arbeitgeber in Deutschland, werden nach einer Studie des Fraunhofer Instituts (13) über 100.000 Arbeitsplätze von derzeit insgesamt 800.000 (nach Verrechnung der durch die Umstellung auf Elektromobilität neu entstandenen Arbeitsplätze) wegfallen.

Es wäre töricht, zu leugnen, dass die voranschreitenden Entwicklungen der digitalen Nutzung und Anwendung von Daten zu immer neuen Zwecken existierende Arbeitsplätze wegrationalisiert. Ebenso unsinnig ist es andererseits, diese Entwicklung als Ursache für eine bevorstehende Disruption der Arbeitswelt heranzuziehen. Automatisierungstechnologien weisen kurz- bis mittelfristig ein arbeitseinsparendes Potenzial auf. Mit dem Voranschreiten dieser Entwicklung werden sich jedoch Tätigkeitsstrukturen individueller Arbeitsplätze verändern, neue Tätigkeitsfelder entstehen, die zu neuer Beschäftigungsvielfalt Anlass geben (16). Welche Berufsbilder neu entstehen kann man einfach feststellen, wenn man den Stellenanzeigenteil großer Tageszeitungen am Wochenende genauer studiert. Über die ökonomische Leistungsfähigkeit unserer Gesellschaft muss man sich sicher keine Sorgen machen. Intelligenz und Kreativität als Grundpfeiler für neue Geschäftsideen sind von der zunehmenden Dominanz digitaler Datenverarbeitung gänzlich unabhängig, werden diese Technologie jedoch zunehmend häufiger für die Gründung neuer Unternehmen nutzen. Viel entscheidender für die Zukunft der Arbeit sind meines Erachtens rechtzeitige Reaktionen auf zwei Fragestellungen:

1. Wie müssen arbeits- und sozialpolitische Regelungen aussehen, die einer zunehmend elastischer und fluider werdenden Erwerbsarbeit gerecht werden?

2. Wie werden die Gewinne verteilt und verwendet, die durch Unternehmen erwirtschaftet werden, deren exklusiver Geschäftsgegenstand die digitale Nutzung und Anwendung von Daten ist (Facebook, Google & Co.)?

Für mich ergeben sich die Antworten auf beide Fragen aus dem fortgeltenden Prinzip der Sozialpartnerschaft zwischen dem, der Arbeit verfügbar machen kann und dem, der von diesem Angebot Gebrauch macht sowie zwischen den jetzt Arbeitenden und ihren Kindern. Wenn diese gesellschaftliche Errungenschaft in Frage gestellt wird, müssen wir um die Zukunft ernsthaft fürchten.

Ausblick auf die „Arbeit" in der Zukunft

Zunächst möchte ich – auch für meine Enkelkinder – festhalten, was aus meiner bisherigen Analyse abzuleiten ist. Meine Generation hinterlässt ihren Enkelkinderkindern wie jede Generation deren jeweiligen Enkelkindern davor ein Reihe von Problemen, die darauf warten, gelöst zu werden. Vorausgesetzt, dass wir auch weiterhin an einer Gesellschaft auf demokratischer Basis und solidarisch geteilter Verantwortung zwischen den Generationen festhalten, steht das Erreichen von Gerechtigkeit und Chancengleichheit weit vorne auf meiner Wunschliste. Damit die Umsetzung nicht zur Utopie wird, muss ein Weg der „kleinen" Schritte gefunden werden, müssen also erreichbare, praktisch umsetzbare Ziele gefunden werden. Bei der Aufgabe, solche Ziele zu benennen, kann uns der australische Philosoph *Peter Singer* wichtige Orientierung geben. Seine in den beiden Büchern „Effektiver Altruismus" (17) und „Praktische Ethik" (18) dargestellten Gedanken halte ich für wegweisend. Kurz gesagt hängt seiner Aussage nach der Sachverhalt, dass mehr als 1 Milliarde Menschen in einem Zustand der Entbehrungen lebt, damit zusammen, dass es hunderte Millionen wohlhabende Menschen gibt, die nicht bereit sind, anderen von ihrem Wohlstand abzugeben. An der Ungleichverteilung des Kapitals grundsätzlich etwas zu ändern, lehrt die Geschichte, ist vermutlich nicht möglich, solange Gesellschaften an den Prinzipien des Wettbewerbs und der Leistungsbereitschaft festhalten. Beide Prinzipien sind eben auch an biologische (und damit unveränderliche, d. h. genetische) Gegebenheiten gekoppelt, wie z. B. Intelligenz. Ein Weg könnte darin bestehen – wie Singer vorschlägt – **Anstrengungen** zu entlohnen, also die Bereitschaft, bis an die Grenze seiner individuellen Leistungsfähigkeit (Einsatzbereitschaft, die verschiedenen Fähigkeiten einzusetzen) zu gehen. Ferner wäre viel erreicht, wenn es keine irrwitzig überhöhten Vorstandsgehälter mehr gäbe (oder Verdiensthöhen wie in manchen Sportarten), sondern das damit dem Sozialsystem entzogene Geld zum Aufbau größerer Chancengleichheit verwendet würde (insbesondere im Bildungsbereich, z. B. für mehr und gut qualifizierte Lehrer [so dass kleinere Klassenverbände möglich werden und effizienteres Lernen] oder für die Sanierung von Schulgebäuden und Universitäten). Schließlich kann jeder Schritt helfen, der den vorhandenen Altruismus in unserer Gesellschaft weiter festigt. Das geschieht am besten durch die Förderung der Anteilnahme am Schicksal anderer und ist damit Inhalt familiärer Entwicklung (s. später) und schulischer Aktivitäten. Von der Schule veranstaltete Projekte, die junge Menschen Wohltätigkeitskonzepte organisieren und ausführen lässt, sind eine weitere Maßnahme. Hier einzubauen sind auch Begegnungen mit alten Menschen, denn ein weiteres Problem, dass meine Generation hinterlässt, ist der demographische Wandel. Ältere Menschen sollten, wenn immer möglich, Sozialpartnerschaften für einzelne Kinder übernehmen, aus denen sich im Laufe des Heranwachsens der Kinder „Schicksalsgemeinschaften" entwickeln können. Es müssen nicht gezwungenermaßen Kinder der eigenen Familie sein, die möglicherweise kinderlos war. So könnte sich aus der Tätigkeit von Millionen Ehrenamtlern (zumeist im Rentenalter) eine zivilgesellschaftliche „Selbstwirksamkeit" entwickeln, die einer großangelegten Umsetzung von Gerechtigkeit gleichkäme.

Erfolgreiche Zukunft – jedenfalls mittelfristig – mit Arbeit heißt für meine Enkelkinder, in der Anwendung und im Umgang mit digitalen Werkzeugen Kompetenz zu besitzen und diese weiterzuentwickeln.

Arbeitsverhältnisse im engeren Sinne des Wortes wird es in absehbarer Zukunft gar nicht mehr geben. Sie werden abgelöst durch eine Arbeitssituation, die aus hunderten einzelner Verhältnisse bestehen kann, von denen jedes einzelne einmal oder mehrmals täglich für Sekunden, Minuten oder Stunden am Tag ausgeübt werden kann. Bei jeder „Arbeitstransaktion" wird eine elektronisch generierte Gutschrift erzeugt, die unser Einkommen bestimmt. Oder? Kann man sich das überhaupt vorstellen geschweige denn sich darauf vorbereiten? Ist die skizzierte Situation überhaupt realistisch umschrieben?

Methodische Ansätze für Prognosen – Delphi Studien

Um sicher(er) zu sein, dass ich mich bei der Beschäftigung mit der Zukunft nicht auf Hirngespinste stütze, muss ich kurz Stellung nehmen zu einem Werkzeug, das benutzt wird, um Aussagen zu objektivieren. Die Schätzmethode, deren Anwendung bei komplexeren Fragestellungen mit weit in die Zukunft reichenden Prognosecharakter üblich geworden ist, trägt den Namen **Delphi**-Methode (benannt nach der antiken griechischen Stadt, in der mythologischen Berichten zufolge das Orakel beheimatet war). Kurz gesagt beinhaltet diese Methode eine mehrstufige Befragung über das Eintreffen bestimmter Ereignisse, Umstände oder Entwicklungsergebnisse in der ferneren ($\geq$ 15-20 Jahre) Zukunft. Für die Durchführung der Befragung werden Experten mit objektiv bestimmbaren Fachwissen ausgewählt und deren Urteile bzw. Einschätzungen zum interessierenden Sachverhalt eingeholt. Nach Auswertung der Antworten (ähnliche oder gleiche Antworten werden zu Trends verdichtet, vom Durchschnitt abweichende zu Gegentrends) erhalten die Experten diese Auswertung mit der Bitte, ihre vorherige Einschätzung zu überprüfen. Dieser Prozess wird solange wiederholt, bis keine Annäherung zwischen den Expertenmeinungen mehr feststellbar ist. Je nach Komplexität des Untersuchungsgegenstandes werden solche Befragungen mit < 10 bis mehreren 100 Experten durchgeführt. Die Ergebnisse einer solchen Untersuchung (19) möchte ich abschließend vorstellen, um den Rahmen der noch bestehenden Einflussnahme auf die Zukunft festzulegen.

Die in der Publikation dargestellten Ergebnisse reflektieren die Befragung von insgesamt 298 Experten (Europa mit 37%,

USA/Kanada mit 33%, Latein-Amerika mit 17%, Asia-Pazifik mit 8%, Afrika mit 2% vertreten; 3% ohne Zuordnung) zum Projektzeitpunkt des sogenannten Real Time Delphi, das eine Kollaborationsplattform verwendet auf der jeder Experte die Ergebnisse der anderen in Echtzeit sehen, mit anderen diskutieren und seine Einschätzungen anpassen kann. In der Publikation – wie die Autoren anführen – „geht [es] mehr um das Identifizieren und die Formulierung offener Fragen und weniger um eine genaue Prognose des Arbeitsmarktes und der Arbeit der Zukunft." Die zentralen Aussagen lassen sich (sehr knapp) wie folgt zusammenfassen (wer sich selbst einen kritischen Überblick verschaffen möchte, sollte diese Publikation von 36 Seiten unbedingt lesen, es lohnt den Aufwand!):

1. Noch besteht große Unsicherheit über den wirklichen Verlauf der zukünftigen Entwicklung, so dass (Mit)Gestaltungsmöglichkeit besteht.

2. Die globale Arbeitslosigkeit könnte auf 24% im Jahr 2050 ansteigen, die ganz erheblich durch Technologieentwicklungen beeinflusst wird und zu einer weiteren Öffnung der sozialen Schere führen kann. Eine globale Arbeitslosigkeit von 50% im Jahr 2050 wird von einigen (mit Technologieentwicklung sehr erfahrenen) Experten nicht ausgeschlossen.

3. Der technologische Fortschritt (digital dominiert; Robotik, künstliche Intelligenz und Technologie-Konvergenz) ist nicht mehr aufzuhalten, erfolgt rasch und mit steigendem Tempo in nahezu allen Berufsgruppen.

4. Der unter 3.) beschriebene Wandel ereignet sich in einer sogenannten Transformationsphase über die nächsten ein bis zwei Dekaden, innerhalb der die Automation immer mehr Berufsgruppen und Tätigkeiten ersetzt. Dieser Phase folgt der Übergang in ein völlig neues System des

Arbeitens und Wirtschaftens (neu aufzubauendes Sozial-system und Entfall der Lohnarbeit). Der größere Teil der Experten dieser Studie (60%) geht davon aus, dass überhaupt keiner mehr arbeiten muss nach der Transformationsphase und spricht sich deshalb für ein <u>bedingungsloses Grundeinkommen</u> aus.

5. Die heute bereits mobile und multilokale Arbeit wird vollständig virtuell und findet im kollektiven virtuellen Raum statt, dem „Metaversum".

6. Nur im Freizeit- sowie Erholungs- und Gesundheitsbereich bilden sich neue Arbeitsbereiche und Berufe aus, die von den genuin menschlichen Fähigkeiten wie Empathie und Kreativität bedient werden.

7. Weil wir zunehmend selbständig agieren werden, müssen wir uns mit Bildungsportfolien auseinandersetzen, die technologische Kompetenzen aufbauen (z. B. Algorithmen verstehen, Programmieren lernen) und gleichzeitig Meta-Kompetenzen (Problemlösungsfähigkeit) erwerben. Stark veränderliche Arbeitsmärkte mit wechselnden Umfeldern werden uns herausfordern. Bildungserwerb und insbesondere Weiterbildung wird zu einem andauernden Zustand, der bedarfs- und selbstgesteuert ist.

8. Nationale und/oder regionale Ansätze zur Bewältigung der Veränderungen haben keine Aussicht auf Erfolg. Es macht gar keinen Sinn, die globale Vernetzung der Welt zu leugnen und daher zu glauben, sich aus dem beginnenden Wettstreit heraushalten zu können. Fachkräfte gibt es schon heute überall auf der Welt. Ihr Können ist unabhängig von ihrer Muttersprache. Es ist nicht mehr die Sprache, die Wirklichkeit schafft. Für den Einzelnen wird der Wettbewerbsdruck deutlich steigen.

Soweit zu den Ergebnissen dieser Delphi-Studie, die jetzt zu Road Maps und Szenario-Entwürfen weiterbearbeitet werden. Für mich stellt der Ergebnisbericht über die Befragung der Experten als Teil des Konvoluts der bisher zu Rate gezogenen externen Meinungen (s. Literatur) eines klar: Arbeit bzw. die Arbeitswelt wird sich grundlegend verändern. Was ich in den letzten 15 Jahren meiner Erwerbstätigkeit an sehr rasch sich ereignenden Veränderungen erlebt habe, erlaubt mir mit der dadurch gewonnen Expertise (in den Bereichen synthetische Biologie/Nanotechnologie/Molekularbiologie) eine Einschätzung über das Voranschreiten der Entwicklung auf diesen Gebieten. Ich teile daher die Einschätzung der Experten in den Punkten 3.), 4.), 7.) und 8.). Dass sich die politischen Institutionen den in dieser Studie aufgezeigten Herausforderungen gegenüber mindestens als ziemlich träge zeigen – übrigens auch ein Ergebnis der Befragung – muss besorgen. Wie ich durch sehr kritische Anmerkungen an verschieden Stellen dieses Buches schon deutlich gemacht habe, erwarte ich ein zügiges Ableben von Parteien als Mittelpunkte politischer Entscheidungsfindungsprozesse. Diese schwerfälligen, mit eher hinderlichen als nützlichen Traditionen ausgestatteten *„Vereine des Verwaltens von Werten"* sind obsolet. Die Organisation der Gesellschaft erfordert Fach-, Sach- und Planungskompetenz in einem immer schneller sich drehenden Karussell an Herausforderungen. Bei den Herausforderungen geht es (schon heute) um die Aufrechterhaltung grundlegender Bedarfe für das biologische und geistige Leben der Bürger dieser Welt und deren ständige Anpassung an eine sich verändernde Umwelt. Was von der heutigen Politikorganisation übrigbleiben wird, sind die Einrichtungen (bisher noch Gremien aus Menschen), die Entscheidungen durch Analysen und daraus abgeleiteten Interpretationen vorbereiten.

Neue Grundlagen für „Arbeit" in der Zukunft

Ich möchte nicht der Versuchung erliegen, polemisch zu werden und den selbstauferlegten Projektfahrplan zu verlassen. Deshalb will ich, so nüchtern wie möglich, meine Bewertung der erarbeiteten Ergebnisse in eine vorübergehende Orientierung umsetzen, mit der ich meinen Enkelkindern Vorschläge zur Problemlösung hinterlasse.

Ich beginne mit Feststellungen über Fakten:

I. Der technologische Fortschritt ist nicht aufzuhalten, genauso wenig wie die Globalisierung der Wirtschaft.

II. Alle Untersuchungen mit dem Ziel, zukünftige Entwicklungen vorhersagbar zu machen, zeigen, dass Lohn- oder Erwerbsarbeit deutlich abnehmen und dass sich unsere heutige Vorstellung von Arbeit allgemein und Arbeitsverhältnissen im Besonderen stark verändern wird. Die demographische Veränderung der Gesellschaft verschärft zusätzlich zum schwer oder gar nicht ersetzbaren Wegfall von Arbeit die Konsequenzen im sozialen Bereich, so dass eine tiefgreifende Veränderung der Sozialsysteme zwingend erforderlich wird.

III. Lösungsansätze als Ausgangspunkt für eine Intervention zum gegenwärtigen Zeitpunkt mit strategischer Orientierung sind von den politischen Kräften nicht zu erwarten. Den überbürokratisierten Selbstverwaltungsapparaten mangelt es substanziell an Flexibilität und Kompetenz und vor allem an Aufgeschlossenheit für die vorhandenen und hinzukommenden Herausforderungen, um wirksam zu werden. Die Hoffnung liegt auf jedem Einzelnen, umzusteuern, sich auf neue Realitäten vorzubereiten (sie quasi vorwegzunehmen) und zusammen mit den Arbeitgebern Optionen zu erarbeiten, auszuprobieren und im Erfolgsfall zu implementieren.

Am Ende meines Ausflugs steht also fest, dass ich unsere Gesellschaft in der *gegenwärtigen Verfassung* nicht für geeignet halte, die wahrscheinlichen Herausforderungen durch eine tiefgreifende

Veränderung der Bedeutung von Arbeit im Kontext von Staat, Wirtschaft und Individuum (s. Abb. 3) zu meistern.

Diese ernüchternde Erkenntnis aus der Feststellung über Fakten und teils aus der Beobachtung des täglichen Geschehens hat für mich kurz-, mittel- und langfristige Konsequenzen. Einige davon – denn das habe ich versprochen – will ich nachfolgend in einer Vorschlagsliste zur Problemlösung zusammenfassen. Dabei setze ich meine Priorität auf die kurzfristigen Konsequenzen, die als Anpassung der Rahmenbedingungen für die weitergehenden Maßnahmen zu verstehen sind. Auf weiterreichende Problemlösungsvorschläge werde ich in meiner Schlussbetrachtung noch eingehen, bin jedoch jetzt schon sicher, dass sie ein weiteres Buch rechtfertigen werden bei der Geschwindigkeit, mit der Veränderung erfolgt und Korrekturen am Gestern für das Morgen vorgenommen werden müssen.

Neufassung des Bildungsinhalts

Der Bildungsapparat als Gesamtheit aller schulischen und universitären Einrichtungen ist ohne die Nutzung digitaler Technologien nicht mehr denkbar. Das geht von der PowerPoint-Präsentation, die der Fachlehrer zu Hause für den Unterricht in der Schule angefertigt hat bis zu der Seminarveranstaltung oder Vorlesung, die der Student zu Hause vor dem Monitor seines PCs konsumiert. Unterricht ohne „Programmierung" oder „Algorithmen-Erkennung und -Verarbeitung" ist unvollständig. Dennoch bleibt der „Erklärungsstrang" (also die logische Abfolge aller Argumente für den Lösungsansatz der Problemstellung) als Ganzes unverzichtbar, den jedenfalls im Moment noch nur der Lehrer in Person zu geben vermag. In meinem Lehrplan würde das Fach Religionslehre ersatzlos gestrichen. Dagegen würden einige neue Fächer eingeführt, wie z. B. das Fach „**S**ystem-/**K**omplexitäts-/**E**ntscheidungs-**M**anagement" (kurz: „SKEM"), das zu kompetentem Umgang mit nicht vorhersehbaren und unerwarteten Veränderungen im Lebensumfeld befähigen soll. Durch die Analyse von historischen und/oder tagesaktuellen Beispielen aus Wirtschaft, Wissenschaft oder Politik sollen Entscheidungssituationen durchleuchtet werden, um die Schlüsselkriterien für Lösungsansätze zu erarbeiten.

Weil die Aufgabenstellung je nach Komplexität des ausgewählten Beispiels in Gruppenarbeit erfolgen muss, wird über das Erlernen der methodisch optimalen Vorgehensweise gleichzeitig Sozial-kompetenz geübt. Schließlich wird die individuelle und in der Gruppe erfahrene Lernmethode der Werte-Vermittlung und -Er-kennung dienen können. Dass es bei der Arbeitsweise in diesem Fach auch um das Erkennen von kybernetischen Regelungsme-chanismen geht, rechtfertigt seine Einordnung als interdisziplinäre Schnittstelle zwischen Mathematik, Naturwissenschaften (insbe-sondere Biologie) und Sozialkunde.

Mit diesen Vorschlägen löse ich mein Versprechen ein, den Bil-dungsbegriff der Zeit anzupassen. Den Elementarkompetenzen wie Wissen und Denken (letzteres v. a. in komplexen Prozessen) ist noch die Kommunikation hinzuzufügen. Sie wird am besten von Anfang an in einem möglichst internationalen Umfeld erworben nach der Devise: Sprachen sind zu allererst Mittel zum Zweck, sich verständlich zu machen und andere zu verstehen. Da Spra-che auch Kultur ist (s. S. 22), und Kultur verbinden und nicht tren-nen soll, muss Schule (inklusive der universitären Ausrichtung) grundsätzlich international gedacht werden (s. später).

Die Notwendigkeit parteiloser Regierungen

Volksparteien als Gestaltungsort gesellschaftlicher Zukunft verlie-ren bereits jetzt erheblich an Bedeutung. Wahlergebnisse lassen zum Ausdruck kommen, dass die Bürger große Zweifel an der Kompetenz dieser hierarchisch durchstrukturierten Organisatio-nen von Gestern haben, die Wahlversprechen zum Wohle des Staates umzusetzen. Veränderungen, die in immer rascherer Ab-folge und mit immer größerem Umfang erfolgen, müssen bewäl-tigt werden. Immer mehr Aufgaben, die dabei anfallen, bleiben un-erfüllt, und die Zivilgesellschaft nimmt über das Wirken von Aber-millionen Ehrenamtlern Verantwortung in die eigene Hand. Das politische Tagesgeschäft von Analyse, Bewertung und Umset-zung in einen Masterplan sowie dessen Implementierung wird zu-nehmend anderen Einrichtungen überlassen, wie Stiftungen, In-stituten, Thinktanks usw. und anderen Beratungsunternehmen der Privatwirtschaft, deren Inanspruchnahme schon heute viele hunderte Millionen Euro für ein einziges Ministerium kostet (z. B. Ministerium für Verteidigung, [20]). Wegen der Trägheit des partei-internen Entscheidungsapparats und der – kostbare Zeit verbrauchenden – Profilierungsphase vor Wahlen hinken die Projektpläne für eine effiziente politische Arbeit den Bedürfnissen der Zeit hinterher. Einerseits passen die vorgesehenen Werkzeuge zur Behebung von Problemen nicht mehr in die Zeit, anderseits haben die Probleme Ausmaße angenommen, die kaum noch eine Lösung zulassen.

Die europäische Arbeitsmarkt-Politik ist hierfür ein leider repräsentatives Beispiel. Die Schaffung von Rahmenbedingungen für ein konkurrenzfähiges europäisches Arbeitsmarktmodell, die unter der Führung Frankreichs begonnen wurde, ist durch mangelnde Unterstützung anderer Staaten (nicht zuletzt Deutschlands) zum Scheitern verurteilt. Konzertierte supranationale Kooperation (der Vorschlag Frankreichs), die wegen der atemberaubend fortschreitenden Globalisierung ohnehin notwendig ist, steht rückwärtsgewandter Halbherzigkeit deutscher Rentenpolitik gegenüber, die im wesentlichen Klientelpoliitik darstellt. Die gefährliche Gemengelage dieser Politik, die zum „Hinterherlaufen" und flicken zwingt anstatt zielführende Strategien mit der Aussicht auf nachhaltige Lösungen zu liefern, hat einen fatalen Nebeneffekt: sie hat bei offensichtlich vielen Menschen einen „Wunsch zur Rückkehr zum Gestern" entstehen lassen, eine größer werdende Akzeptanz für einen unreflektierten Nationalismus. Der Austritt Großbritanniens aus der EU, die Ausgrenzungs- oder Einigelungs-Politik (je nach Betrachtungsweise) osteuropäischer Staaten wie Polen und Ungarn, und der „retroliberale" Populismus Österreichs und Italiens sowie die „America first"-Affirmation der USA unter Donald Trump sind Ausdruck dieser (hochbrisanten) Gemengelage.

Emmanuel Macron hat dargelegt, wie es gelingen könnte, aus einer Bewegung mit Masterplan zukunftsorientierte Politik zu machen. Seine Initiative weist den richtigen Weg – der aus meiner

Sicht jedoch nur dann den verdienten Erfolg bekommt, wenn Nationalstaaten überwunden werden. Solange dieser Zustand nicht erreicht ist, bleibt politisches Reagieren auf Veränderungen der Arbeit Stückwerk und kann uns nicht wirklich helfen. Es wird uns daher nicht erspart bleiben, **Farbe** zu **bekennen**, aus der Zivilgesellschaft heraus tätig zu werden und unsere „Agenda für Arbeit" mit allen Regulierungsauswirkungen auf den Sozialstaat selbst zu entwerfen und mittels der darum herum sich gruppierenden Bewegung gesellschaftlich zu etablieren. Die Realisierung dieses Vorhabens muss als ehrenvoll und selbstverständlich bewertet werden. Initial ist dieser Schritt als ehrenamtliche Tätigkeit von sachkompetenten Experten zu verstehen, die einem Wettstreit um die beste Lösung gewachsen sind und die zwingende Notwendigkeit dieser Tätigkeit einsehen. Persönliche Eitelkeiten müssen zurückstehen, ein neues politisches Selbstverständnis muss gelebt werden (damit meine ich auch eine unentgeltliche Mitarbeit am „Regieren" der Gesellschaft). Meine Enkelkinder als Mitglieder einer Generation der heute Jugendlichen werden zusammen mit der Generation meiner Kinder (also die heute 35 – 40-jährigen) die ethischen Grundpfeiler des Programms festlegen, innerhalb der das Regieren der Gesellschaft erlaubt sein soll. Wir älteren werden eingeladen, unsere Erfahrungen zur Verfügung zu stellen und unsere Interessen einzubringen. Es wird Zeit vergehen, bis ein wirkliches Europa zustande gekommen ist. Wenn der vorher skizzierte Weg also nicht sofort beschritten werden kann, dann gelingt dieser Schritt vielleicht über den Umweg der Schaffung internationaler Schulen und Universitäten in jedem Land der EU. An diesen werden Lehrpläne das Lernen und Studieren der einzelnen Fächer (Studien) mit all den hinzugehörenden gesellschaftlichen Implikationen ermöglichen, und so das „Europa im Kopf und im Herzen" vorbereiten. Ich denke, dass man dabei von bereits existierenden Modellen ausgehen kann, die als École Nationale d'Administration (ENA) in Frankreich existieren und unter anderen Namen womöglich auch in anderen Ländern. Auch für diese Einrichtungen setze ich bei der Lehrerschaft ehrenamtliche

Tätigkeit voraus, sozusagen als Einstieg in das europaweite bedingungslose Grundeinkommen (BGE; auf dieses „Reizwort" komme ich später noch zurück).

Parteien sind eben **kein** notwendiger Bestandteil der freiheitlich demokratischen Grundordnung, sondern eine Bevormundung für den multikulturellen Geist der Menschen unserer Zeit. Politik kommt ohne Parteien aus, die Gesellschaft jedoch nicht ohne Regierungen. Und damit Regieren wieder Inhalt erhält, wird anzuerkennen sein, dass es sich auf Vertrauen stützt, das sich Regierende und Regierte gegenseitig schenken. Nimmt man der Aufgabe des Regierens den pekuniären Reiz – so meine Überlegung – wird das Ideelle der Aufgabe obsiegen und gleichzeitig das Entstehen von Lust auf Macht verhindert. Was mich so zuversichtlich macht, mit diesem Szenario erfolgreich zu sein und substanziell Veränderung herbeizuführen, resultiert aus der Beobachtung und Erfahrung mit einigen ehrenamtlichen Aktivitäten – Aktivitäten, die von vielen Menschen engagiert entfaltet werden.

Neue Arbeits- und Arbeitszeit-Modelle

Einen ersten Eindruck davon, wie sich die Arbeit der Zukunft anfühlt, habe ich vor 2 Jahren bei der Gründung eines Startups bereits kennen- und schätzen gelernt. Das Unternehmen mit biopharmazeutischer Ausrichtung hatte sich seinen Sitz an einer öffentlichen Gesundheitseinrichtung im Herzen Europas gewählt und wurde durch eine Gruppe dezentral arbeitender Manager quasi virtuell geführt. Das Modell der öffentlich-privaten Partnerschaft war finanzierungstechnischen Überlegungen genauso geschuldet wie die virtuelle Organisationsform mit dezentralen Arbeitsplätzen an verschiedenen Orten in Deutschland.

Die digitale Technologie inklusive des W.W.W. eröffnet eine schier grenzenlose Möglichkeit der Organisation von Arbeit, deren Realisierung in fortschreitendem Maße stattfindet. Der Facettenreichtum des Möglichen und seine momentanen Grenzen stellt O. Stettes (21) in seiner Untersuchung mit dem Titel „Arbeitswelt der

Zukunft" sehr ausführlich dar. Zur Verdeutlichung der Möglichkeiten beschränke ich mich daher auf einige, m. E. wichtige Aspekte mit Auswirkung auf das private Leben.

Eine neuere Form der Arbeitsweise auf digitaler Basis ist der sogenannte Home-Office-Arbeitsplatz. Darunter versteht man die Wahrnehmung einer Dienstleistung von zu Hause aus, die sich mithilfe eines Computers und einer Datenverbindung über das Internet erledigen lässt. Ich habe ein solches Arbeitsmodell selbst ausprobiert und kann es unter folgenden Bedingungen empfehlen:

Eigenes Arbeitszimmer: Ein Arbeitszimmer oder Arbeitsbereich, der strikt vom privaten Wohnbereich getrennt ist, muss vorhanden sein. Die vorübergehende, sichere Ablage vertraulicher Arbeitsunterlagen muss möglich sein. Arbeitsgeräte (Computer, Smartphones und andere „Digitalgeräte") müssen außerhalb des privaten Netzwerks genutzt werden können. Eine solche strikte Trennung ist unabhängig davon wichtig, ob die Wahrnehmung der Aufgabe in Selbständigkeit erfolgt oder im Angestelltenverhältnis zu einem Arbeitgeber.

Disziplin: Viele (insbesondere jüngere) Menschen unterschätzen die Bedeutung selbstkontrollierter Umsetzung der Arbeit. Zur Home-Office-Tätigkeit gehört eine ausgeprägt selbständige Arbeitsweise und Disziplin.

Im Falle der Verfügbarmachung bestimmter Tätigkeiten, Positionen oder Aufgabenstellungen in zeitlich befristeten Projekten durch Unternehmen für selbstbestimmtes Arbeiten – also Home-Office – sind idealerweise Abstimmungen zwischen Unternehmen und Arbeitnehmern im Vorfeld der Vergabe ratsam. Selbstorganisiertes Arbeiten ist nicht trivial, kann positive Auswirkungen beim Verknüpfen von Familie (Privatleben) und Beruf haben jedoch ebenso mit einer ganzen Reihe von Gesundheitsproblemen einhergehen oder gar nicht funktionieren. Damit Arbeitgeber und Arbeitnehmer von einem solchen Arbeitsarrangement profitieren können, sind Spielregeln zu vereinbaren und wechselseitige Erwartungshaltungen festzulegen. Ich empfehle im Falle der Entscheidung eines Unternehmens für Home-Office-Arrangements, im größeren Umfang Trainingsveranstaltungen durchzuführen. Auf diese Weise können Aspiranten auf solche Stellen ihre Souveränität im Umgang mit Arbeitsorganisation und Zeitmanagement prüfen und/oder üben. Ein solches Training empfehle ich darüber hinaus jedem, der sich mit einem Dienstleistungsangebot (oder mehreren) mit einem Home-Office als Basis selbständig machen möchte. Die aus meiner Sicht größte Gefahr besteht in der psychischen Belastung durch Selbstüberforderung – zu glauben, man müsse dauernd „online" sein – oder der sich einstellenden Unfähigkeit, ganz abschalten zu können.

Arbeitsverhältnisse, die von Beginn an auf Langfristigkeit aufbauen, werden auch wegen der fortschreitenden Globalisierung immer seltener. Weil die Erkenntnis reifen wird – sie wird uns beinahe täglich vor Augen geführt – dass Bürokratisierung zu ineffizienten, überbordenden Administrationen führt, werden Arbeitsstellen im „Angestelltenverhältnis" für Länder, den Bund oder internationale Einrichtungen (EU) zügig abgebaut und entweder durch Automatisierung ganz verlorengehen oder in die Privatwirtschaft abfließen.

Unser Denken und Handeln schafft dauernd neue Tatsachen, weit über die Grenzen unserer Familie, unseres Wohnsitzes, Deutschlands, Europas hinaus. Noch mögen wir Staatsbürger sein. Schon bald werden wir die Herausforderungen von Weltbürgern meistern müssen – so meine Erkenntnis. Unsere nationalen Ökonomien stagnieren zwar im Moment und die sozialen Ungleichheiten nehmen zu, wie vorher dargestellt. Ein vorübergehender Nationalismus jedoch wird die Globalisierungsentwicklung nicht aufhalten, weil die Voraussetzungen dafür vorhanden sind (was Menschen zu tun vermögen, das tun sie auch!). Auch deshalb ist es klug, sich auf die „Welt" als Arbeitsmarkt einzustellen mit allen Konsequenzen für die sogenannte Work-Life-Balance. Und weil es eine riesige Anzahl von Problemen zu bewältigen gibt – jenseits aller Automatisierung, „Digitalisierung" und Technologisierung – wer-

den Geschäftsgegenstände für die Schaffung neuer gesellschaftlicher Realitäten nicht ausgehen. Für die Arbeit an der „Agenda
für Arbeit" wird jeder kluge Kopf benötigt, jede hilfsbereite Hand.

Kapitel 4

Familie

Familie kann für unterschiedliche Menschen auf dieser Welt sehr divergierende Bedeutung haben. Was unter Familie verstanden werden soll, ist – so mein erster Eindruck – nicht so klar festzulegen, wie bei dem Begriff „Arbeit".

Der Begriff Familie wird z. B. zur Kennzeichnung einer Form des Zusammenseins von Menschen verwendet, welches im nicht-öffentlichen Bereich einer Gesellschaft stattfindet. Die individuellen Besonderheiten dieses Zusammenseins sind quasi exklusiv, das heißt nur den in diesem Zusammensein verbundenen Menschen vorbehalten. Diesem Verständnis zufolge entsteht ein stillschweigend akzeptierter, ethischer Anspruch auf Vertrautheit („Privatheit"), der als „unverletzlich" eingefordert werden kann. In der auf diese Weise darstellbaren Dimension des „Lebensraums" Familie entwickeln sich Emotionen, die das Leben in der Gemeinschaft mit anderen Menschen (Verwandten) hervorgerufen hat. Dieser „emotionale Kitt" scheint ursächlich für die Bindungen zwischen den familial betroffenen Menschen zu sein, und ihre Beziehungen untereinander zu „regeln". Dieser Darstellung möchte ich den Stellenwert einer Arbeitshypothese zuordnen, mit der meine Analyse begonnen werden soll. Ohne zusätzliche rechtliche Einordnung der „Institution" Familie ist der Ausgangspunkt für meine Analyse jedoch nicht komplett. In Deutschland stehen Familie und Ehe nach Artikel 6 Grundgesetz (s. unten, Abs. 1,2) verfassungsrechtlich unter dem besonderen Schutz der staatlichen Rechtsordnung. Darin kommt eine Bestandsgarantie zum Ausdruck, der zufolge Ehe und Familie als rechtliche Institutionen garantiert und gleichzeitig gegenüber störenden Eingriffen des Staates geschützt werden:

Auszug aus dem Grundgesetz der Bundesrepublik Deutschland Artikel 6 (Abs. 1,2):
„(1) Ehe und Familie stehen unter dem besonderen Schutze der staatlichen Ordnung.

(2) Pflege und Erziehung der Kinder sind das natürliche Recht der Eltern und die zuvörderst ihnen obliegende Pflicht. Über ihre Betätigung wacht die staatliche Gemeinschaft"

Mit dieser Legaldefinition und der oben ausgeführten Arbeitshypothese kann die Arbeit am Kapitel „Familie" begonnen werden. Wie schon im Kapitel „Arbeit" stelle ich in Abbildung 4 das Ergebnis meiner Spontanassoziation mit dem Begriff „Familie" vor.

Abb. 4: *Gedankenassoziation beim Nachdenken über Familie*. Die acht Substantive stellen den Rahmen meines in diesem Kapitel zu bewältigenden Auftrags dar.

Eingrenzung des Themas Familie

Eine historische Aufarbeitung von Familie – sozusagen ein geschichtlicher Abriss von der Antike bis heute – übersteigt beides, meine Kompetenz und den Rahmen meines einleitend definierten Projektes. Wikipedia bietet Interessenten an dieser Thematik einen orientierenden, übersichtlichen Einstieg. Da Familie für die meisten meiner Leser nichts theoretisch-abstraktes ist, gehe ich vom Familienverständnis der Neuzeit aus und konzentriere mich in meiner Analyse auf ihre Formen, Funktionen, Strukturen und deren Veränderung sowie vorhersehbarer Bedeutung in der Zukunft. Mit der Ausklammerung historischer Aspekte erspare ich mir gleichzeitig die Bewertung kirchlich-religiöser Einflüsse auf das Verständnis von Familie, die nach wie vor und völlig zu Unrecht groß sind.

Manchmal stelle ich mir die Frage, wie man sich mit allem, was das „Selbst" ausmacht, ohne den Einfluss familiärer Sozialisation überhaupt in dieser Welt zurechtfinden kann. Biologisch gesehen sind wir Säugetiere und unmittelbar nach unserer Geburt von der Zuwendung unserer Erzeuger (oder mindestens einem davon) vital abhängig. Allerdings ist die Mutterliebe, von deren Entfaltung so enorm viel für unser Leben abhängt, nicht biologisch verankert, wie z.B. ein Instinkt. Die französische Philosophin *Elisabeth Bachinter* (23) meint, dass das Gefühl eher kulturell indoktriniert sei. Eines ist auf jeden Fall als gesicherte Erkenntnis festzustellen: Mutterliebe ist für Frauen nicht konstitutiv. Sie kann, muss sich aber nicht entwickeln. Wenn sie sich entwickelt hat, ist sie an bestimmten Hirnaktivitäten und Hormonen (Oxytocin) erkennbar. Verhaltensforscher haben außerdem noch Empathie auslösende Reize ermittelt, die durch bestimmte kindliche Proportionen (insbesondere des verhältnismäßig großen Kopfes mit hoher Stirnregion) ausgelöst werden.

Schon an diesen ersten „Einlassungen" zum Thema Familie kann man erkennen, dass ein geordneter Zugang mit klarer Gliederung der Gedanken schwierig ist. In Abwandlung eines Buchtitels des Philosophen *Richard David Precht* (24) assoziiere ich mit Familie ein „unordentliches Gefühl", ein Konglomerat von Vorurteilen, Erinnerungen, Sehnsüchten und Enttäuschungen. Es grenzt an respektlose Kühnheit, diesen Dschungel zu lichten, der aus verschlungenen Engrammen in unserem Gedächtnis ebenso zusammengesetzt ist wie aus Persönlichkeit gewordenen Ansichten und Einstellungen. Wenige werden widersprechen, wenn ich feststelle, dass nichts so nachhaltig sinnstiftend für das Leben eines Menschen ist, wie die Prägung durch und in der Familie. Letzten Endes – quasi solipsistisch gedacht – ist Familie damit für jeden Einzelnen unter uns etwas einmaliges, einzigartiges. Familie ist wahr nur in der individuellen Wahrnehmung und entzieht sich damit einer an überprüfbaren Kriterien festzumachenden Definition.

Der Naturwissenschaftler in mir erkennt hier ein Dilemma: einen Gegenstand analysieren zu wollen, der sich dem Zugang wissenschaftlicher Wahrheitsfindung entzieht. Als Ausweg aus dieser Situation konzentriere ich mich daher auf eine wertephilosophische Betrachtung von Familie und wende die in Kapitel 2 beschriebene

Arbeitshypothese der diskontinuierlichen, in diskrete Phasen aufteilbaren Individualentwicklung an. In der Umsetzung bedeutet dies also, dass ich Familie aus der Sicht der Kindheit und des Erwachsenseins darstellen werde, um Regelmäßigkeiten zu erkennen, die in Form, Funktion und Struktur zum Ausdruck kommen.

Familie aus der Sicht der Kindheit

Meine Kindheitserinnerungen sind ohne Familie gar nicht denkbar! So wird es vielen Menschen, vermutlich den meisten gehen. Die abrufbaren Erinnerungen an frühe Jahre meines Menschseins setzen sich aus vielen positiven Einzelheiten, Begebenheiten, Empfindungen zusammen, die in Summe das Urteil einer „behüteten" Kindheit rechtfertigen. Natürlich ist dieses Urteil mit größter Vorsicht anzusehen, da ich mir dessen bewusst sein muss, dass mein Gedächtnis sich täuschen lässt und sogar Erinnerungen erfindet, die ich gar nicht haben kann. Daher bewerte ich nur die Erinnerungen, deren Inhalt mir durch andere Menschen (im wesentlichen Eltern und gleichaltrige Verwandte) als real bestätigt wurden und werden. Ferner verfüge ich glücklicherweise über schriftliche Zeugnisse meiner Selbstwahrnehmung, die allerdings aus unterschiedlichen Gründen für die Phase meiner Kindheit höchst fragmentarisch vorhanden sind. Aus allem, was ich sicher weiß, schließe ich, dass ich viel Zeit hatte oder mir viel Zeit gegeben wurde (?), damit ich mich fände, verstehen durfte und ohne größere Verpflichtungen oder gar Verantwortung beinahe spielerisch in eine sich allmählich ausbildende Persönlichkeit hineinentwickelte. Ich galt als „Träumer", als phantasiebegabt und kämpfte mich aus der zerbrechenden Imagination in die Realität. Manche Bruchstücke der Eierschale meiner jungen Träume scheinen heute noch unbemerkt hinter meinen Ohren zu kleben.

Möglicherweise fragen sich meine Leser, warum ich darauf hier überhaupt eingehe. Dieses Stück Erinnerung aus meinen Kindertagen verblasst zunehmend, weil es nicht mehr abgerufen wird. Wenn ich die Generation meiner Enkelkinder beobachte, fällt mir auf, dass die Selbstfindung nur noch höchst selten spielerisch erfolgt. Die eher nicht kinderfreundliche, mit hohem Aufwand durchorganisierte Alltagsroutine lässt wenig Raum und vor allen Dingen Ruhe für Tagträume übrig.

Formal bestand die Familie, in der ich aufgewachsen bin, aus drei Generationen, den Kindern – zu denen ich neben meinem Bruder und meinen Cousins und Cousinen gehörte – meinen Eltern und den Eltern der Cousins und Cousinen sowie einem Paar Großeltern. Ich bin also als Nachkriegskind und trotz all des Auseinandergerissen-Seins familiärer Bande in Deutschland in „ordentliche" verwandtschaftliche Verhältnisse eingebettet gewesen. Die Kinder meiner Generation und in eher ländlichem Umfeld wurden bedenkenlos zwischen den Onkeln und Tanten hin und her getauscht, teilten mit Cousins und Cousinen ihre Kinderstuben und Kleider und waren Gesprächsgegenstand und Objekt der Fürsorge einer breiter angelegten Elternschaft. Wenn es um die Bewältigung von Konflikten mit der Elternschaft oder den Cousins/Cousinen ging, waren die Großeltern als „Gerichtsinstanz" und vorübergehende „Asylgeber" unverzichtbar. Diese fluide Struktur von Familie hat sicher ihren Beitrag dazu geleistet, Sozialverhalten und so wichtige Kernkompetenzen wie z. B. Verantwortung übernehmen zu üben und danach zu verinnerlichen. Da mein Vater wenig Zeit für mich hatte – er war Alleinverdiener und gleichzeitig mit seiner beruflichen Höherqualifikation beschäftigt – übernahm mein Onkel so wichtige Aufgaben wie mir Schwimmen und Fahrradfahren beizubringen. Mein Großvater entfachte die Begeisterung für das Gärtnern in mir. Viele weitere Grundfertigkeiten, die man für ein selbständiges Leben benötigt, habe ich auf diese Weise nicht primär meinen Eltern zu verdanken. Ich war 9 Jahre alt, als diese „Großfamilien-Struktur" abrupt zu Ende ging. Auslöser für diese Zäsur war der Berufswechsel meines Vaters an einen ca. 500 km entfernten Ort. Hat mich dieser Einschnitt verändert? Das kann ich nur vermuten. Da ich mit Vermutungen und Annahmen in diesem Buch nicht arbeiten möchte, nehme ich hierzu nicht weiter Stellung.

Eines ist gewiss: alles, was sich nach Verlegung des „Hauptlebensraums" in den darauffolgenden Jahren ereignete, ist mir als

Beginn eines neuen Abenteuers in Erinnerung, dem ich neugierig begegnet bin, auf jeden Fall jedoch ohne die geringste Ängstlichkeit. An Verlustgefühle jedenfalls, kann ich mich nicht erinnern. Außerdem wäre dazu auch kaum Zeit gewesen, denn der Wechsel ins Gymnasium, der Beginn des Daseins als Fahrschüler und die Erledigung eines größer werdenden Pensums an Hausaufgaben waren radikal neue Taktgeber für den Alltag.

Familie als Rückzugsort für die Selbstbefragung, das bedingungslose Da-sein-Dürfen verlor ganz allmählich an Bedeutung, verkehrte sich gar in einen Fluchtgrund wegen der zunehmenden Bevormundung, Ermahnungen und Erpressungsversuche. Die kindliche Naivität wich langsam einem ein- und zuordnenden Analysieren, Verstehen von Zusammenhängen und Bewusstwerden der gespielten Rollen. Es stellte sich ein Zwischenzustand tiefen Zweifelns ein, eine allgemeine Verunsicherung, die nach neuer Orientierung suchte und in das nassforsche Schein-Selbstbewusstsein der Adoleszenz einmündete.

Ich komme auf diese Zeit der Abwendung aus dem „Dunstkreis" meiner Kindheit zurück. Vorher muss noch bearbeitet werden, was alles mit der Kindheit im Familienkontext endet.

Vergangenheit steht nicht einfach fest

Wenn ich meine Kindheit als „behütet" erinnere, empfinde ich dabei Dankbarkeit, ein Gefühl, dass ich mit Liebe verbinde, sowohl im passiven (von anderen mir entgegen-gebracht) als auch im aktiven (von mir anderen entgegengebracht) Sinne. Mir wurde geholfen und ich wurde begleitet auf Wegen ins Abenteuer „Zukunft" – egal ob nur auf dem ersten Schulweg oder zu einem Besuch beim Zahnarzt – und ich fühlte mich beschützt, wenn das heftige Sommergewitter die Nacht zum Tag machte. Und man hat mich nicht verstoßen, wenn ich mit zerrissenen Kleidern von einer Prügelei mit Schulkameraden nach Hause kam. Liebe, als das andere „unordentliche Gefühl" neben Familie, hat seinen Ausgang in dieser Zeit der Kindheit innerhalb der Familie genommen. Das ist überhaupt nicht selbstverständlich, wie ich heute weiß. Ich hatte

Zeit, meine Einstellung zu mir selbst aus den vielen Zutaten anderer Menschen, im wesentlichen meiner Verwandten, in Ruhe zu basteln. Zumindest für die Phase der Kindheit ist das ein unschätzbarer Brocken Glück, und das Bewusstsein dieses Glücks wirkt fort. Verallgemeinert ergibt sich aus dieser Erkenntnis, dass eine der Funktionen von Familie darin besteht (bestehen sollte), die zur Familie gehörenden Kinder in die Lage zu versetzen, lieben zu können.

Dass wir nach der Geburt gesund bleiben, uns entwickeln können ist initial auch Mikroorganismen zu verdanken, die unsere Mütter (und bis zu einem gewissen Grad auch unsere Väter) uns schenken. In ihrer Gesamtheit als Mikrobiom bekannt, habe ich ihre Bedeutung, Zusammensetzung und einige ihrer Eigenschaften schon in meinem ersten Buch (4) kurz beschrieben. Von herausragender Bedeutung für unsere Gesundheit in den ersten drei Jahren unseres Lebens sind diese Mikroorganismen insbesondere als Darmbewohner, z. B. für die Reifung unseres Immunsystems (25). Dass ihnen bisher ungeahnte jedoch noch nicht abschließend ausführlich genug untersuchte, weitere Eigenschaften unterstellt werden, sei nur erwähnt und ist bei Interesse nachzulesen (26).

Sich in der Gesellschaft der Erwachsenen zurecht zu finden, ist eine andere, wichtige Etappe der kindlichen Persönlichkeitsentwicklung innerhalb der Familie. Ich habe die Familie von ihrer Entstehung bis zu ihrem Zerfall in meinem ersten Buch als eine auf Dauer angelegte „Werteentwicklungsgemeinschaft" charakterisiert. Die Bedeutung sogenannter „Familienwerte" ist nicht zu unterschätzen, zwingt sie uns doch im Laufe des Erwachsenwerdens immer wieder neu, **Farbe** zu **bekennen**, welche dieser verinnerlichten Werte wir assimilieren oder nach reiflicher Überlegung als „unbrauchbar" abstreifen. Es fängt damit an, dass wir ausloten, bis wohin wir unseren Willen gegen den aller anderen durchsetzen können. Das Gefühl des Triumphes beim erfolgreichen Erwerb neuer Fähigkeiten und die erlebten Kränkungen als Folge von Zurückweisungen durch Spielkameraden oder Erwachsene prägen unseren Wunsch nach Berechenbarkeit. Unsere verzweifelte Suche nach Identifikations-Bezugspersonen führt uns durch das Chaos von Beziehungskrisen hin zu einer vorläufig endgültigen Persönlichkeit. Ob wir aus dieser familiär geprägten Selbstfindung als „nicht überlebensfähiger Held" oder Feigling hervorgehen, der mit immer neuer Erniedrigung fertig werden muss, hängt auch von der Struktur der Familie ab, in der wir entwickelt wurden.

Dass die Erwachsenwelt in der Familie uns – den Kindern – als eine Verschwörung von Menschen begegnen kann, die so tun als wollten sie unser bestes, uns jedoch als „Punching ball" für ihre Probleme benutzen und dabei misshandeln auf die widerwärtigste Art und Weise, muss auch gesagt werden. Das unvorstellbare, dass Kindern in Familien – und hier insbesondere der Anonymität wegen – angetan wird, tut weh, macht unendlich traurig und öffnet Psychologen und anderen Experten für menschliches Verhalten Tore in die „Verließe atavistischer Grausamkeiten", deren weitere Erörterung ich nicht leisten kann und deshalb hier auch nicht fortsetze. Meine Kindheit verlief ohne körperliche Bestrafung in der Familie und im Wesentlichen ohne Wahrnehmung elterlicher Gereiztheit, die psychisch bedrohliche Erlebnisse mit sich bringen kann. Ich bin mir des Glücks bewusst, dass meine kindliche Schwäche und Verletzlichkeit nie ausgenutzt und meiner Seele dadurch kein Schaden zugefügt wurde. Dennoch ist der Erlebnisraum Familie keineswegs als konfliktfreie Idylle in mein Gedächtnis eingefräst.

Freundschaft ändert alles

Verwandtschaft formt zwischenmenschliche Beziehungen auf eine andere Weise als Freundschaft, obwohl die Erlebnisqualitäten der Beziehungen einander sehr ähnlich sein können. Spätestens mit der Schulzeit erlangen außerfamiliäre Beziehungen zunehmende Bedeutung, tragen zum notwendigen Abnabeln aus dem Schutzraum Familie bei. Freundschaften entstehen jedenfalls anfänglich aus dem Wunsch, sich mit den gerade erst erworbenen Beziehungsfähigkeiten eigene Beziehungen aufzubauen, sozusagen den Verwandten zu beweisen, dass man sich seine eigene Familie schaffen kann. Wieviel Imitation in diesen ersten Versuchen enthalten ist oder welches Ausmaß an Selbständigkeit (fortgeschrittener Persönlichkeitsentfaltung), hängt wesentlich von der Freiheit ab, das die „Abstammungsfamilie" für solche Entwicklungsschritte erlaubt (zulässt). Denn natürlich bringen diese Gehversuche ohne Handreichung der Eltern oder anderer Verwandter die Gefahr mit sich, dass die Erkenntnis im Kind reift, Freunde könn(t)en die bessere Familie sein. Und das ist gut so. Je früher wir verstehen, dass es einen Unterschied gibt zwischen Pflichtbewusstsein einerseits, das sich aus familialen Bedarfen nährt, und Verantwortungsbewusstsein andererseits, das emotionalen Bedürfnissen geschuldet ist, umso besser für unser Selbstbewusstsein und unsere Selbstwirksamkeit.

Ohne psychologische Ausbildung und soziologische Schulung erlaube ich mir die kühne Behauptung, dass nicht wenige der Probleme, die zurzeit politisch aktive Menschen erzeugen anstatt zu lösen, damit verbunden sind, dass ihnen die Erfahrung fehlt, wie wichtig und selbstverständlich es ist, Lebenszeit für die vorübergehende Hingabe an eine neue Generation von Menschen zu *verschenken*! Geben zu können, ohne dafür einzufordern, ist das Geheimnis erfolgreicher „Familien-Experimente". Einzuräumen, dass wir bei aller guten Absicht versagen können, ist ein anderes, nicht weniger wichtiges Geheimnis.

Die Erfahrung, dass man sich Familie nicht aussuchen kann, leitet meine Gedanken über zur Betrachtung von Familie aus der Sicht Erwachsener.

Familie aus der Sicht Erwachsener

Immer mehr Erwachsene scheinen Kinder bleiben zu wollen, wenn es um die Nestwärme der Familie geht. Dem Datenreport 2018 zufolge (27), der die Ergebnisse eines 2017 durchgeführten Mikrozensus in Deutschland darstellt und kommentiert, nimmt der Anteil volljähriger junger Menschen, die das Elternhaus nicht verlassen (wollen), stetig zu. Das betrifft in Deutschland immerhin 26% der Männer dieser Altersgruppe, im Vergleich von nur 6-7% in Ländern Nordeuropas und erheblichen 46% z.B. in Spanien. In

Übereinstimmung mit diesem Einzelbefund steht der Befund, dass Familien immer später im Leben gegründet werden. Zur Erklärung: als Familien wurden im Mikrozensus alle Eltern-Kind-Gemeinschaften definiert (!). An der Form der Lebensgemeinschaft (Mann und Frau, verheiratet oder unverheiratet) und der Anzahl der Kinder pro Familie (1, maximal 2, ganz selten 3 und mehr) hat sich innerhalb der vergangenen 20 Jahre wenig geändert. Die durchschnittliche Halbwertszeit verheirateter Eheleute beträgt etwa 15 Jahre, die Scheidungsrate ist ebenfalls relativ konstant geblieben und liegt bei jeder 3. Ehe (etwas mehr als 31%). Die Ehe hat danach deutlich an Bedeutung eingebüßt, nichtverheiratete Lebensgemeinschaften nehmen zu, der Anteil an Alleinstehenden mit Kindern (insbesondere alleinerziehende Mütter) wächst, die Zahl Alleinstehender ohne Partner und Kinder steigt stetig an.

Die Frage, ob Familie insbesondere in der oben genannten Eltern-Kind-Gemeinschaft ein Auslaufmodel ist oder sich mit inkrementellen Veränderungen weiterentwickelt, jedoch im Wesentlichen die gesellschaftlich bevorzugte Lebensform in der Privatheit (s. S. 69) bleibt, werden meine Enkelkinder beantworten.

Bereits jetzt zeichnet sich eine deutliche Veränderung der Einstellung junger Erwachsener (im Alter bis zu 39 Jahren) zur Rolle der Ehe ab. Immerhin 35% dieser Altersgruppe lehnen die Ehe as Leitbild für die Form des Zusammenlebens ab (27). Dieses Einzelergebnis der Befragung darf eigentlich gar nicht überraschen, könnten diese jungen Menschen doch meine oder die Kinder meiner Generation sein, einer Generation, deren Familienbild auch von revolutionären Sichtweisen wie der von *David Cooper* (28) beeinflusst wurden, die den Tod der Familie forderten. Auch *Jean Paul Sartre* muss in diesem Zusammenhang erwähnt werden, der in seinem konzise geschriebenem Buch „Les Mots" (Die Wörter [29]) die Lügen seines Zeitalters, die Illusionen der gesellschaftlichen Organisation besonders in der Familie durchschaut und schonungslos – auch sich selbst gegenüber – offenlegt. Dieser revolutionäre Aufbruch der frühen 70er Jahre des vergangenen Jahrhunderts, der mein Herz schneller schlagen lässt, ist vorbei! Die Trümmer der Beziehungen und die Gedanken an ein „großes Projekt" sind geblieben. Neue Fakten liegen vor und warten auf eine Bewertung.

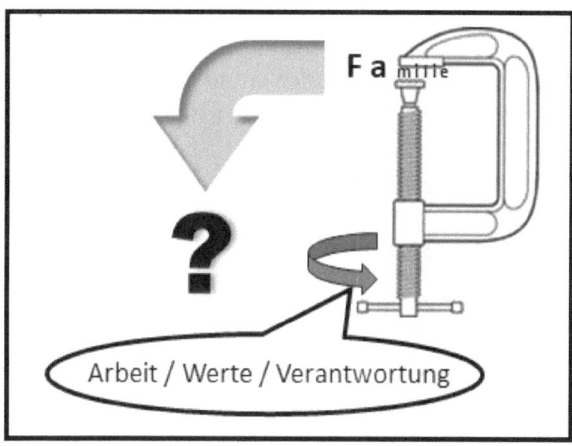

Abb. 5: **Die Familie als Lebensform unter dem Druck gesellschaftlicher Veränderungen.** Wie sich Familie verändern wird und ob sie eine Zukunft hat, entscheiden meine Enkelkinder.

Bevor ich eine Bewertung der aus meiner Sicht wichtigen Gründe vornehme, die Familie als Lebensform im Sinne der Eltern-Kind-Gemeinschaft verändern oder durch neue Lebensformen ablösen (s. Abb. 5) wird, möchte ich abschließend noch einmal zur Familie meiner Kindheit im vergangenen Jahrhundert zurückkehren. Hier hat nämlich beinahe unbemerkt etwas aufgehört zu existieren, das unter keinen Umständen (keinen für mich denkbaren Bedingungen in der Zukunft) zurückkommen wird: die Großfamilie. Zur Klarstellung: mein Verständnis von Großfamilie ist das, was ich auf Seite 72 – 73 dargestellt habe als meine Lebenswirklichkeit während meiner Kindheit; ein drei Generationen überspannender Verband von Verwandten an verschiedenen, jedoch nahe beieinanderliegenden Orten (Maximalentfernung etwa 25 km). Diese Form des vorübergehenden Zusammenlebens in Kernfamilienübergreifenden Gemeinschaften war eine temporär praktische Lösung für das gemeinsame Bewältigen von Nachkriegsnöten. Das wenige, was verfügbar war, wurde geteilt, inklusive der individuellen Kompetenzen, die jeder nach seinem Vermögen beisteuerte.

Fortschreitende wirtschaftliche Erholung der Gesellschaft war ein Grund für den Zerfall dieser Großfamilienstruktur. Die Verlagerung der Lebensmittelpunkte, die sich dort hin verlagerten, wo es Arbeit gab, war ein anderer wichtiger Grund. Mit zunehmender Entfernung der Verwandten voneinander, mit dem Entstehen neuer Lebensziele und -werte der auseinanderdriftenden Kernfamilien und ihrer einzelnen Mitglieder erlosch die Seele der ehemaligen Großfamilie vollends. Man traf sich noch gelegentlich, verbrachte nette Stunden miteinander in denen man Erinnerungen an „Damals" austauschte, fühlte sich im Grunde jedoch keiner weiteren Gemeinsamkeit verpflichtet.

Großfamilien, wie diejenigen meiner Kindheit, gibt es noch in einigen Gegenden Europas, wie z. B. in Süditalien, wo Armut infolge von Arbeitslosigkeit oder verpasster ökonomischer Entwicklungen herrschen.

Dass es auch noch andere Formen von Großfamilien gibt, sei der Vollständigkeit halber erwähnt. Diese Familien sind Interessenverbände von Verwandten, die pekuniäre oder ideelle Werte verwalten und erhalten. Beispiel für eine Großfamilie von Kulturwerterhaltender Bedeutung ist die wohl älteste Familie der Welt, die Familie Kong mit heute Tausenden Familien und deren Angehörigen in der 75. Generation, als Nachkommen des Philosophen Konfuzius, geboren 479 v. Chr. in China unter dem Namen Kǒng Qiū. Beispiel für einen Familien-Clan oder eine Dynastie, also einer durch Verwandtschaft verbundenen Gruppe von Familien, die über mehrere Generationen im öffentlichen Leben z. B. als Unternehmer von Konzernen großen Einfluss hatten und noch haben ist die Familie Oetker.

Der schleichende Zerfall der Familie

Die Gründe, die Menschen heute zur Bildung einer Familie angeben, haben sich gegenüber den 70er Jahren des letzten Jahrhunderts radikal verändert und vervielfacht. Auch diese Veränderung ist ganz wesentlich verbunden mit der Erfindung des Internets, die gerade einmal dreißig Jahre zurückliegt! Familie muss von den daran Beteiligten hergestellt werden und ist keine naturgegebene

Konsequenz unseres biologischen Daseins. Wie heute Familie hergestellt wird und was dabei herauskommt (27), kann als Einläuten einer Zeitenwende gesehen werden.

Um noch einmal kurz auf die „Legaldefinition" von Familie (s. S. 69) zurückzukommen, fällt auf, dass der Begriff Familie im Grundgesetz überhaupt nicht definiert wird und eine allgemeingültige, einheitliche Definition von Familie auch im zivilrechtlichen Familienrecht fehlt. Diese Einsicht könnte zu der Interpretation verführen, die Gründungsväter und -mütter der Bundesrepublik Deutschland hätten in weiser Voraussicht gehandelt. Diese überraschende Tatsache im Hinterkopf, wende ich mich im Folgenden den drei – aus meiner Sicht wichtigsten – Faktorenkonstellationen zu, die Familie als „privates Lebensverhältnis" verändern und am Ende überflüssig machen werden (s. Abb. 5). Ich möchte hier klarstellen, dass die dargestellten Erkenntnisse im wesentlichen eigenen Beobachtungen entspringen und teilweise aus eigenen Erfahrungen resultieren.

Familie und Arbeit

Immer wieder liest man über die Vereinbarkeit von Beruf und Familie als zentralem Thema der Lebensplanung junger Menschen. Bei allem Verständnis für die Bedeutung, die Arbeit für einen Menschen haben kann, erscheint mir die Formulierung „Vereinbarkeit" in diesem Zusammenhang völlig unangemessen. Wir schließen keine Vereinbarung mit uns selbst ab. Wir erkennen und sind uns folglich dessen bewusst. Wir sind nicht teilbar in ein arbeitendes und familiales „Ich". Unser Ego muss sich entscheiden, wo der „Ismus" sich austoben möchte, bei der Arbeit oder in der Familie. Wenn – wie für einen zunehmenden Anteil junger Menschen – Arbeit als tragfähige Grundlage der Selbstverwirklichung und -erhaltung gewählt wird, ohne dass Beziehungen deshalb auf der „Strecke" bleiben sollen, ist das traditionelle Familienmodell für die Lebensplanung völlig ungeeignet. Die sogenannte Lebensabschnitts-Partnerschaft wird dann Familie ersetzen oder an seine Stelle treten. Kinder werden in dieser Form der Beziehung überhaupt keine Rolle spielen (dürfen!). Zudem wird sich Familie im Arbeitsumfeld ereignen. Die gelegentlich verwendete Darstellung informell zusammengesetzter Mitarbeitergruppen als „kleine Familie" im Unternehmen, oder die bei unternehmensinternen Veränderungen zur Mitarbeitermotivation in Reden gewählten Begriffe wie *Tradition, Loyalität, Verlässlichkeit* sowie *Pflichtbewusstsein* – die alle dem familialen Umfeld entnommen sind – sollen durch Erinnerung an die familiäre Bindung „Corporate Identity" schaffen. Sich dem Unternehmen und seiner Mitarbeiter als einer großen Familie zugehörig zu fühlen, ist eine der wichtigsten Aufgaben von Führungskräften im Personalmanagement.

Auf der Werteskala gesellschaftlichen Ansehens haben die kompromissfähigen, die Menschen also, die ihr arbeitendes und ihr familiales Ich miteinander zur Überlappung bringen können, und dabei mit Kindern Lebensglück erleben, die geringere Akzeptanz. Das ist zu beklagen, vor allem vor dem Hintergrund der von ihnen bewahrten und neu entstehenden gesellschaftlichen Werte (s. später). Kinder gibt es in Deutschland nur noch in 24% aller Haushalte, der europäische Durchschnitt liegt bei 30%.

Die auf die traditionelle Familie fixierten, also auch auf kinderreiche Lebensformen eingestellten jungen Menschen sind selten und werden immer seltener, machen **weniger als 1%** aller Familien aus. In dieser Gruppe beträgt der Anteil der Kinderarmut 25%, wenn Erwerbslosigkeit hinzukommt, und ist nur bei Alleinerziehenden in prekärer Lage mit knapp 44% höher.

Ein immer größer werdender Teil der Menschen lebt in sogenannten Einfamilienhaushalten, also allein. In dieser Gruppe alleinlebender Menschen finden sich sehr viele alte Menschen, alleingelassene Menschen, die vorher einmal in ihrem Leben einer Familie angehört haben und dieser Zeit nachtrauern ohne Aussicht auf Veränderung ihrer Lebenssituation. Die Erreichbarkeit immer höheren Alters aufgrund lebensverlängernder medizinischer Fortschritte wird teuer erkauft: der Pflegeaufwand wird immer teurer weil er von immer weniger jungen Menschen „erwirtschaftet" werden muss und das Leid der Alten verdoppelt sich in dem sie die Einsamkeit ihres Daseins (um nicht zu sagen ihrer „Isolation") ertragen müssen und dabei miterleben, dass ihr gelebtes Lebensmodell nicht tragfähig für die Zukunft ist. **Das ist tragisch!**

Ich hatte bereits festgestellt, dass Familie von den daran Beteiligten hergestellt werden muss. Was für Neugeborene einfach da ist – jedenfalls in den allermeisten Fällen – muss der erwachsen gewordene junge Mensch neu schaffen. Dabei wird er/sie unbewusst geleitet und geführt durch seine Erfahrungen und Erlebnisse in der Familie, der er/sie entstammt. Das einfache Fortsetzen von gelebten Traditionen wird aller Voraussicht nach nicht ausreichen, um glückliche familiale Beziehungen neu aufzubauen. Auch das für sich genommen einmalige und durch nichts zu ersetzende Gefühl des Verliebtseins wird als solide Basis für die Lebensplanung mit dem Ziel, die Mutter-Vater-Kind(er)-Beziehung zu versuchen, nicht ausreichen. Einmal abgesehen davon, dass das Vorhaben „Familie" von Anfang an von den Menschen der Familien, aus denen die beiden „Gründungswilligen" stammen, vehement mitbeeinflusst und nach dem Start fortgesetzt herausgefordert wird, werden viele ehemalige Selbstverständlichkeiten und neue Unsicherheiten die endgültige Entscheidung für oder gegen einen Versuch bedingen. Was vor Beginn der Familiengründung nicht gründlich genug bedacht wurde bei der Verständigung über berufliche Pläne und die Ausrichtung von Interessen und sich im Laufe der Entwicklung der Beziehung der aufmerksamen Kontrolle   entzieht, wird zwangsläufig zu einem der Faktoren, die das Ende der Familie vorausbestimmen. Familie zu gründen erfordert ein hohes Maß an Bereitschaft, Risiken einzugehen und diese auszuhalten, sowie die Fähigkeit, flexibel auf berufliche Veränderungen zu reagieren.

Die vorgestellten Gedanken sind allesamt nicht neu und daher eigentlich keiner besonderen Erwähnung wert, wenn der Blick auf gesellschaftliche Veränderungen ausgespart bleibt. Genau diese sind es jedoch, die den Druck auf das Lebensmodell Familie (hier: Kernfamilie als Mutter-Vater-Kind-Verhältnis, s. Abb. 5) ganz enorm erhöht haben. Die laufende „Vereinbarkeitsdebatte" in allen Medien und im Freundeskreis über individuelle Entfaltung, Familie und Beruf ist nervig, jedoch für eine Leistungsgesellschaft

nicht überraschend. Wenn Arbeit (als berufliche Tätigkeit) identi-
täts-, ja sinnstiftend ist (s. S. 31), was soll dann von Familie erwartet werden können? Sie wird eher als Belastung – um es ehr-
licher zu sagen als Verhinderer egoistischer Erlebnisqualität –
empfunden und erklärt jedenfalls zum Teil, dass die Einzelhaus-
halte, in denen ausschließlich junge Menschen leben, zugenommen haben. Zu diesen Haushalten wiederum gehören solche, in
denen Singles bzw. vorübergehend in einer Beziehung lebende
wohnen, oder getrenntlebende Eltern (mit oder ohne Trauschein
bzw. voneinander geschieden). Sollten aus familienähnlichen Beziehungen oder der Vernunftsteuerung entschlüpften sexuellen
Abenteuern Kinder entstanden sein, für die die Beteiligten danach
auch noch Verantwortung zu übernehmen bereit sind, muss man
diese Kinder fast immer bedauern. Sie werden – auch als Ergebnis moderner Kernfamilien – häufig zu Opfern erfolgsorientierter
Erziehungsabenteuer. Nach dem Motto: meine Kinder sollen die
Stars dieser neuen Gesellschaft werden, wird sinnlos Geld in En-
tertainment, Privatunterricht und andere aktivistische Unternehmungen   investiert, anstatt emotionale Hingabe an eine Zeit be-
nötigende Entwicklung der Persönlichkeit zu wagen. Die Betreu-
ung von Kindern ist schon lange nicht mehr in geschlechterspezi-
fische Rollenwahrnehmung aufzuteilen.

Die alleinerziehende Mutter ist Geschichte – obwohl zugegebe-
nermaßen der häufigere Fall, wenn es um Alleinerziehende geht.
Ob Mutter oder Vater, die Herausforderungen des Alleinerziehenden sind beträchtlich und gesellschaftlich mit Spott und Anerkennung verbunden, je nach Position des Urteilenden bzw. wirtschaft-
licher Situation des Alleinerziehenden.

Der Pluralismus familialer Lebensformen ist rasant gewachsen. In
einer Gesellschaft, die den Individualismus hofiert, ist das nicht
wirklich überraschend. Was dieser Pluralismus jedoch bisher ver-
missen lässt, ist ein politisches Konzept für seine Entwicklung.

Ein solches Konzept ist aus verschiedenen Gründen wichtig, die
mit der Internationalisierung der jeweiligen Arbeitsverhältnisse zu
tun haben und natürlich der wachsenden Anzahl von transnatio-
nalen Familien. Transnationale Familien, deren Kinder beide

Sprachen der Eltern aus ihrem jeweiligen Herkunftsland lernen und auch tatsächlich sprechen, die jeweiligen Kulturen der beiden Herkunftsländer erleben und bis zu einem gewissen Ausmaß auch verinnerlichen, sind mittlerweile weit verbreitet. Hier spreche ich aus zutiefst eigener Erfahrung. Meine familiären Rahmenbedingungen (Französisch / Deutsch) waren noch europäisch konfiguriert. Zukünftige Familien werden Kontinente-übergreifend konfiguriert sein, und mit den politischen Eskapaden der Herkunftsländer beider Eltern zurechtkommen müssen.

Es ist zudem davon auszugehen, dass steigende Effizienzanforderungen an den sowie am Arbeitsplatz die Bereitschaft in der Generation meiner Enkelkinder weiter drastisch reduzieren wird, sich auf das Abenteuer Familie einzulassen, in der Kinder erwünscht sind, eine Rolle spielen dürfen. Das Bedürfnis nach Selbstentfaltung und der Druck des gesellschaftlichen „Mainstreams", die Angst vor sozialem Abstieg, und die Konsummentalität werden das Portfolio familienähnlicher Gemeinschaften erweitern, in denen Pflichten nur noch oberflächlich vorkommen, Verantwortung dagegen ganz fehlt.

In einem Staat, wie der, in dem ich geboren bin (Deutschland), der sich zur Wirtschaftsordnung der freien Marktwirtschaft bekannt hat, in der jetzt einige große Unternehmen ihr kapitalistisches Credo nach Belieben ausleben dürfen, der die plurale Gesellschaft zum Dogma erhebt wie den Individualismus, werden die gelebten Biographien sich wie gestylte Figuren aus der „Manager-Magazin"-Welt ausnehmen, konturlos, anpassungsfähig bis zur Unkenntlichkeit und mit einem Verständnis von sozialer Verantwortung ausgestattet, dass als Scheck-Ausstellungs-Liebhaberei der Lions- und Rotarier-Club Mitglieder seine Verwirklichung erlebt. Gewiss, eine immerhin noch altruistische Einstellung, folgt man der praktischen Ethik Singers (17), doch um welchen Preis?

Familie und Verantwortung

Man könnte nach den vorausgehenden Äußerungen auf die Idee kommen, dass es kein Verantwortungsbewusstsein mehr gäbe, und dass die Lebensform Familie letztes Endes aus diesem

Grund aufgegeben werden muss. Das wäre für manche Kausalitätsfanatiker eine attraktive Vorstellung, hätte man doch einen Grund identifiziert, der sich durch soziologische Forschung trefflich fundieren ließe. Wir könnten den Tod der Familie endlich besiegeln und uns den neuen Formen der Daseinsgestaltung zuwenden. In welche Richtung auch immer man diese Gedanken fortspinnt, irgendwann erreicht das Nachdenken die Erkenntnis, dass es Verantwortung immer gegeben hat und geben wird. Verantwortung lässt sich nicht abschaffen, schon gar nicht die Verantwortung für die Folgen unseres Handelns. Dies erleben wir zurzeit mit nie dagewesener Nachdrücklichkeit. Das Vermächtnis meiner Generation für die Generation meiner Enkelkinder ist eine Katastrophe! Wir haben eine ethische Beurteilung unseres Tuns eine ganze (wenn nicht gar zwei) Generation(en) lang unterlassen, unsere Lebensweise „historisch" gerechtfertigt. Dabei ist uns die Verantwortung für die Folgen unseres Tuns, unsere Zukunftsverantwortung, zumindest vorübergehend abhandengekommen – man kann auch sagen, dass wir uns gehen ließen! – und an diese Verantwortung werden wir von unseren Enkelkindern jetzt zurecht erinnert.

Erschrocken stellen wir älteren fest, dass uns das zu lange Konsumieren, das unseren Wohlstand begründet, moralisch verkrüppelt hat. Sensibilität für das Erkennen von Trauer und Einsamkeit ist uns verloren gegangen. Das vorbehaltlose Akzeptieren von Hilfsbedürftigkeit bei unseren alten und durch Unglück zu Schaden gekommenen Mitmenschen ist höchstens gelegentlich noch als Andeutung einer Geste erkennbar. Wir sind – sagen wir es doch ehrlich – emotional verwahrlost. Allein die Vorstellung, für unsere Eltern oder Großeltern in hohem Alter Verantwortung übernehmen zu sollen, lässt uns erschauern. Wie viele Familien gar nicht erst zu Stande kommen, weil die Gedanken an die zukünftige Verantwortung der Familiengründung im Wege stehen, ist bisher nicht untersucht worden, jedoch sicher lohnenswert.

Wie vorher in diesem Kapitel (s. S. 64) schon ausgeführt, ist die Legaldefinition von Familie inhaltsleer. Eine Gesellschaft, in der die Festlegung der moralischen Eckpfeiler familialen Lebens den

Religionen überlassen wird, muss scheitern. Religionen fußen auf Festschreibungen uralter Dogmen mit ehemals sinnvoller Qualität für die Standardisierung ethischer Orientierung. Nicht nur als Konfliktlösungshelfer taugen sie nicht. Sie bieten auch keinerlei Basis als Ausgangspunkt neuer Lebensformen. Ganz wichtig dagegen sind politische Rahmenbedingen, die einfach gesagt aus der Erkenntnis abzuleiten sind, dass wir die gewollten und ungewollten Konsequenzen unseres Handelns fortgesetzt kritisch bewerten. Es wird uns gar nichts anderes übrigbleiben, als einen solchen Prozess global (also über die Grenzen Europas hinweg) mit unseren Enkelkindern gemeinsam in Angriff zu nehmen. Politische Rahmenbedingungen sind deshalb so wichtig, weil sie – wenn auch nur für eine vorübergehende Phase – einen Konsens der Gesellschaft(en) bedeuten, auf welches Ziel der Prozess ausgerichtet ist. Es kommt nicht mehr darauf an, den Zerfall von Strukturen wie die Kern- oder Kleinfamilie oder die Großfamilie zu beklagen, womöglich gar noch zu versuchen, sie wiederherzustellen, sondern neue Rahmen vorzuschlagen und danach zu etablieren, in denen soziales Leben von Erwachsenen mit Kindern verantwortbar umgesetzt wird. Für das Auffinden der Rahmen benötigen wir Zeit, auf jeden Fall eine Unterbrechung der rasanten Fahrt, mit der sich Veränderung in allen Bereichen des Lebens vollzieht.

Ich finde keinen plausiblen Grund – egal aus welcher Perspektive ich darüber nachdenke (wissenschaftlich, moralisch, gesellschaftlich) – warum das Wesen familialer Organisation, also der mindestens vorübergehende Wunsch Erwachsener, Verantwortung für (ihre?) Kinder zu übernehmen, verloren gehen sollte. Auch mein Respekt vor den Entwicklungsmöglichkeiten künstlicher Intelligenz ändert daran nichts. Weil Menschen auch in Zukunft Freude daran haben werden, jungen Menschen „auf die Beine zu helfen", weil „Generationenpflege" bei uns Menschen offensichtlich das Wesen unseres Kulturverständnisses ist und Gefühlsqualitäten wie „Liebe" entstehen lassen hat, wird es Familie in der wortwörtlichen (lateinisch *famulus*: Diener) Form als Dienerschaft an der jungen Generation so lange geben, wie es Menschen gibt.

Kapitel 5

Freizeit

Grundvoraussetzung für Freizeit als freie Zeit – frei verfügbare Zeit ohne „Verwendungsverpflichtung" – ist Selbstbestimmung. Das Recht auf Selbstbestimmung ist Bestandteil der von den Vereinten Nationen am 10. Dezember 1948 verabschiedeten Allgemeinen Menschenrechte (30). Der Artikel 3 der Menschenrechtscharta der UN lautet in seiner deutschen Version:

„Jeder hat das Recht auf Leben, Freiheit und Sicherheit der Person" (s. 30).

Das deutsche Grundgesetz formuliert dieses Recht in Artikel 2, Abs.1 und Abs.2 wie folgt:

Abs.1 „Jeder hat das Recht auf die freie Entfaltung seiner Persönlichkeit, soweit er nicht die Rechte anderer verletzt und nicht gegen die verfassungsgemäße Ordnung oder das Sittengesetz verstößt."

Abs.2 „Jeder hat das Recht auf Leben und körperliche Unversehrtheit. Die Freiheit der Person ist unverletzlich. In diese Rechte darf nur aufgrund eines Gesetzes eingegriffen werden."

Die beiden oben zitierten Rechtsgrundlagen für die Inanspruchnahme unserer Selbstbestimmung sind sehr kostbare Geschenke, an die wir uns von Zeit zu Zeit erinnern müssen und die für mein Verständnis von Freizeit wesentlich sind.

Freizeit ist strenggenommen, was der Einzelne sich darunter vorstellt und kann daher wirklich alles sein. Freizeit hatte in meiner Schul- und Jugendzeit, also in den 50-er und 60-er Jahren des vergangenen Jahrhunderts, insbesondere wegen der deutlich längeren Arbeitszeit und des entbehrungsreichen Lebensstils der Nachkriegszeit vornehmlich Bedeutung für die Erholung und den Konsum. Dieser Bedeutungsinhalt, der in dieser Form vereinzelt auch noch existiert, hat sich durch eine neu entstandene Lebensqualität innerhalb der vergangenen 50 Jahre völlig verändert. Relevante Aktivitäten konzentrieren sich auf die Wahrnehmung von Bildungsangeboten, gesellschaftliches Engagement, sportliche Betätigungen sowie aktive und passive Teilnahme am kulturellen Geschehen. Freizeit ist nicht mehr die „Restzeit", die nach getaner

Arbeit übrigbleibt. Sie erfährt eine völlig neue Wertschätzung, entwickelt sich zu einem Lebensraum, in dem Menschen „zu sich finden", sich ausprobieren und sich entwickeln. Für die Definition meines Arbeitsgegenstandes in diesem Kapitel muss ich meine Leser um Verständnis bitten, dass ich mir eine Dimension davon aussuche, um der Beliebigkeit der möglichen Auslegungen zu entgehen. Ich werde mich daher mit dem Raum der Freizeit beschäftigen, in dem Geselligkeit als Selbstfindung und -bestimmung durch Kommunikation und Interaktion mit anderen Menschen stattfindet. Diese **Festlegung ist keine Definition** von Freizeit. Ich lege Wert auf diese wichtige Klarstellung.

Skizzierung meines Vorhabens

In meinem ersten Buch habe ich mich bereits ein Kapitel lang ausführlicher mit einer Erlebnisform in der Freizeit – der **Geselligkeit** – als Ausdruck der Persönlichkeitswerdung und der Bewältigung gesellschaftlicher Probleme beschäftigt. Einige der dabei erreichten Erkenntnisse (s. Kasten S. 76 [4]) werde ich in diesem Kapitel noch einmal aufgreifen und vertiefen. Da meine Festlegung von „Freizeit" auch die Ebene der Persönlichkeitsentwicklung und -bestimmung in anderen, als dem Arbeits- und Familienumfeld einbezieht, werde ich auf die vorhersehbaren Bedeutungsveränderungen dieses Aspektes für meine Enkelkinder eingehen. Ich möchte also die Bedeutung von Freizeit vor dem Hintergrund des Zerfalls der Familie und des in atemberaubender Geschwindigkeit sich verändernden Verhältnisses zur Arbeit untersuchen.

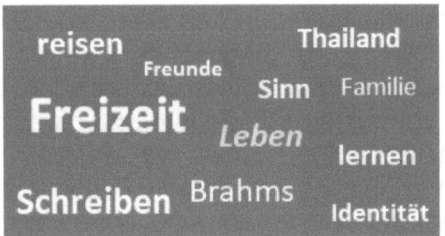

Abb. 6: *Gedankenassoziation beim Nachdenken über Freizeit.* Die sieben Substantive, zwei Verben und der Name stellen den Rahmen meines in diesem Kapitel zu bewältigenden Auftrags dar.

Wie erwartet, habe ich in Abbildung 6 wieder das Ergebnis meiner Spontanassoziation mit dem Begriff Freizeit eingefügt. Dabei fällt ein höheres Ausmaß an Diversität auf sowie zwei namentliche Festlegungen, die für mehr stehen als die zuzuordnenden Oberbegriffe Musik und Länder (s. später).

Meine Freizeit

Die Arbeit an diesem Buch z. B. findet in meiner Freizeit statt. Jetzt wird natürlich der ein oder andere meiner Leser zu schmunzeln beginnen und sich denken: was ist für einen Rentner überhaupt Freizeit, was Arbeit? Ja, ich gebe zu, dass es im Ruhestand nicht möglich ist, eine solche Trennung vorzunehmen, es sei denn, das tatsächlich neben der freiwillig erfolgenden „Arbeit" noch eine Erwerbsarbeit durchgeführt wird. Freizeitaktivitäten erfolgen also freiwillig, sind fast immer Ausdruck von Vorlieben, Ausprägungen der Persönlichkeit und bis zu einem gewissen Ausmaß kompensatorisch, das heißt, dass sie Interessen oder Wünsche befriedigen, die im Alltag aus verschiedensten Gründen nicht bedient werden können. Zu meinen Vorlieben gehört das Schreiben. Warum das so ist und als zentrale Aufgabe meine Freizeit ausfüllt, möchte ich kurz erläutern, um deutlich zu machen, warum Freizeit durch Selbstbestimmung zur Selbstfindung führen kann.

Zunächst ist zu klären, was mit „Schreiben" gemeint ist. Ich meine damit das physische Aufschreiben von Gedanken, die in bestimmten, nicht vorhersagbaren Momenten meines Erlebens ausgelöst werden. Ich halte auf diese Weise Bilder meiner Wahrnehmung zu bestimmten Zeiten in meinem Leben fest, so als befürchtete ich, sie könnten mir verloren gehen. Derart Festgehaltenes besitzt einen Wert, der sich nicht jedes Mal sofort erschließt. Das Aufschreiben zwingt mich, die Ursachen für meine Gedanken zu erkennen und das Ergebnis des Nachdenkens auf Stimmigkeit mit der Wirklichkeit zu überprüfen (s. Kapitel 2, S. 25). Dieser sich wiederholende Prozess erhöht mit zunehmender Dauer den Anspruch an die Form (z. B. die Verständlichkeit der Formulierungen). Je zufriedenstellender die Form gelingt, umso glücklicher fühle ich mich.

Manchmal – insbesondere, wenn der Auslöser meiner Gedanken der Natur zuzuordnen ist – gelingt mir das Formulieren besonders gut (bilde ich mir ein!), wenn der Prozess des Aufschreibens musikalisch begleitet wird, z. B. durch das Anhören von Musik des Komponisten Johannes Brahms (besonders gerne der Symphonie Nr. 4). Es ist, als würde durch die Musik, die ich als wunderbar harmonisch wahrnehme, eine starke Emotion ausgelöst, die wiederum ein emotionales Bedürfnis zielführend abdeckt, das Bedürfnis, die Einmaligkeit des Moments nachvollziehbar oder miterlebbar darzustellen einzig mit der „Harmonie der Prosa". Die Erfahrung, die ich hier beschreibe, wird vielen bekannt sein. Natürlich ist sie auf Reaktionen in unserem Nervensystem zurückzuführen (5), deren Kenntnis sich allerdings viel nüchterner ausnimmt, als ihr Erleben. Musik ist ein starker Auslöser für Freizeitaktivitäten vieler Menschen. Unabhängig davon, ob es um passiven oder aktiven Umgang mit Musik in den beiden Bereichen Klassik und Unterhaltungsmusik geht, hat Musik ganz allgemein stimulierende Auswirkungen auf die Kreativität.

Ein größerer Teil meiner Freizeit gehört also der Entspannung durch passiven Umgang mit (fast ausnahmslos) klassischer Musik. Je nach Angebot besuche ich Konzerte im näheren Umfeld meines Wohnorts oder spiele DVDs auf einer Dolby Surround Anlage zu Hause ab. Die neben dem Schreiben zweitwichtigste Freizeitbeschäftigung ist das Reisen. Als Reiseziel steht der Ferne Osten an oberster Stelle, mit Thailand als Ziel Nummer eins. Dieses Land und alle Nachbarländer (außer China) üben die magische Anziehungskraft des Andersartigen, neugierig machenden Gegensatzes zur austauschbaren Mentalität Mitteleuropas aus. Der bedeutendste Unterschied ist nach meiner Erfahrung die Selbstwahrnehmung der Menschen, die sich in Thailand als Resultat einer Vernetzung des Einzelnen mit vielen anderen in einer ungezwungenen „Großfamilie" ohne Regeln (das ist wichtig!) beschreiben lässt, also quasi einen „kontextuellen" Charakter hat. Das Individuum mit seinen erworbenen Werten, wie in Europa, das auf sein Recht pocht und Stabilität in vielerlei Hinsicht anstrebt, wird man in Thailand nicht finden. Das erklärt auch, warum Thailänder mit dem Begriff „nachhaltiger Tourismus" gar nichts anfangen können. Dieser knappe Ausriss aus meinen Beobachtungen kann (und soll) nicht repräsentativ für das Andersartige sein. Die wohl vollständigste Behandlung dieses Themas stellt der amerikanische Psychologe *Robert E. Nisbett* in seinem Buch „*The Geography of Thought*" (31) vor.

Freizeitgestaltung aus heutiger Sicht

Mit der Erwähnung einiger wichtiger Aktivitäten in *meiner* Freizeit möchte ich auf ein verallgemeinerbares Prinzip hinweisen: nahezu alle Menschen in unserer Gesellschaft (Deutschlands, Westeuropas) nehmen Freizeit als Zeitkontingent zur „Selbstjustierung" wahr. Eine Analyse der Freizeitaktivitäten sollte daher den Zustand der Gesellschaft sichtbar werden lassen, auf wichtige Problembereiche hinweisen, vorausgesetzt, dass die Befragung eines repräsentativen Querschnitts der Bevölkerung ohne kritische Fragen auskommt. Auf kritische Fragen antworten Menschen meistens nicht gerne und – noch wichtiger – fast immer unehrlich! In unseren Freizeitaktivitäten dagegen machen wir uns ehrlich, zeigen wir bereitwillig, was in uns steckt, was wir gerne tun, weil es uns Freude bereitet. Dass wir diese Aktivitäten auch als Reaktion auf Gängelung, Überforderung, Unzufriedenheit und viele andere Beweggründe ergreifen, wird erst auf den zweiten Blick deutlich.

Was wir in unserer Freizeit treiben, wird zunehmend wichtiger für die Überlebensfähigkeit unserer Art (*Homo sapiens*) und des Ökosystems Erde, das uns beherbergt. Alle bedeutenden Weltorganisationen (UN, WHO, IWF, WWF und andere) wiederholen Mantraartig ihre Warnungen zur Umkehr, zum Innehalten oder zur Drosselung der Zügellosigkeit. Politische Richtlinien, die diese Warnungen in geordnete, konzertierte Rettungspolitik transformieren könnten, existieren nicht. Das liegt nicht daran, dass es an Problembewusstsein und möglichen Lösungsstrategien mangelt. Was fehlt ist die Bereitschaft zur Zusammenarbeit im globalen Kontext. Anstatt Verständnis füreinander zu entwickeln, findet das genaue Gegenteil statt: eine polarisierende, konfrontative Weltpolitik, die sich auch der Manipulation von Fakten bedient und der Verbreitung von Falschmeldungen, mit deren Hilfe Aggression geschürt wird. Dieser anarchische Zustand – erschrecken Sie bitte! – ist auch kennzeichnend für unsere vergleichsweise kleine Gesellschaft „Deutschland", in der die Selbstinszenierung des Einzelnen (als konsequente Folge der Doktrin des Individualismus) herrschendes Prinzip unserer „Digital-Epoche" geworden ist. Und wie reagieren wir darauf?

So viel lässt sich ganz allgemein feststellen: ein überbordendes Problembewusstsein für das weltfremde Verhalten, das uns um den Verstand bringen könnte, scheint nirgendwo feststellbar. Jahrzehntelange, erfolgreiche Dressur durch die plump und subtil daherkommenden Verführungen aus den Marketingstuben der Konsumgüter- und Unterhaltungsindustrie haben unsere Sinne betäubt. Wie sonst ist es möglich, dass Fernsehen (fast) unabhängig von der Altersgruppe der Befragten weit vorne unter den Freizeitbeschäftigungen rangiert, nahezu unverändert über das letzte Jahrzehnt (32) und Bücher in derselben Zeit immer seltener gelesen werden. Arbeitsunfähigkeit wegen psychischer Gesundheitsprobleme soll in den vergangenen 10 Jahren stark zugenommen haben, titelt die Berliner Morgenpost vom 25.03.2019. Zwischen 2007 und 2017 soll sich die Zahl der Krankschreibungen wegen dieser Probleme mehr als verdoppelt haben, die Zahl der Arbeitsunfähigkeitstage in diesem Zeitraum von rund 48 Millionen auf 107 Millionen gestiegen sein. Es kommt mir so vor, als sei die Gesellschaft in allen Bereichen von einem Überforderungssyndrom betroffen, als würde unsere Intelligenz, mit der wir viel weltveränderndes (auch zum Besseren) bewegt haben, gerade stark nachlassen. Oder liegt es einfach daran, dass wir uns wegen des zu konsumierenden Überangebots, die die digitalen Medien dem ohnehin schon großen medialen Freizeitangebot hinzufügen, nicht mehr konzentrieren können? Für beide genannten Vermutungen gibt es Belege, die ich nachfolgend kurz erläutern möchte.

Dass unsere Persönlichkeit, unser Wesen durch Lernen sehr stark determiniert ist, und eben nicht nur durch die bei Geburt mitgelieferten Gene, zeigt der Neurobiologe *Martin Korte* in seinem

Buch „Wir sind Gedächtnis" (33) in anschaulicher Klarheit. Im Tierexperiment klar gezeigt wird darüber hinaus, dass störende Ablenkung beim Lernvorgang (z.B. durch gleichzeitige Beschäftigung mit elektronischen Geräten) _nicht_ zu Gedächtnis führt (34). Ich füge zur Sicherheit an dieser Stelle den Hinweis an, dass die Untersuchung von Abläufen im menschlichen Gehirn naturgegeben problematisch ist, wenn es um eineindeutige Nachweise von Zusammenhängen geht. Bildgebende moderne Methoden wie die funktionelle Magnetresonanztomographie (fMRT, s. S. 5) haben zwar zu neuen Erkenntnissen beigetragen, kommen jedoch ohne Extrapolieren von Versuchsergebnissen aus tierexperimentellen Studien (34) auf Ähnlichkeiten im menschlichen Hirn nicht aus.

Einen anderen, jedoch ebenso spannenden Erklärungsversuch für den schleichenden Rückgang der Intelligenz liefert die auf Endokrinologie spezialisierte, französische Biologin Barbara Demeneix (35). Sie widmet sich der Erforschung von Auswirkungen einer Gruppe synthetischer Substanzen auf den Schilddrüsenhormon-Regelkreis. Substanzen wie Perchlorat, Bisphenole, Triclosan, Tetrachloro- und Tetrabromo-Biphenyle, Polyfluorierte Verbindungen, Phthalate und Pestizide sowie unterschiedliche Cocktails daraus werden systemisch aufgenommen (finden sich in der Atemluft, in Essen und Getränken oder in Kosmetika). Ihre Wirkung ist vergleichbar mit einem Jodmangel, da diese Substanzen die Bindung von Schilddrüsenhormonen an ihre Rezeptoren herabsetzen oder ganz verhindern. Deshalb nennt man sie endokrine Disruptoren. Dass die Exposition des Feten / der Mutter während der frühen Schwangerschaft besonders kritisch ist und zu kognitiven Defiziten, Lernproblemen, einer IQ-Absenkung des Neugeborenen führen kann, zeigen epidemiologische Studien. Unter Hinzuziehung tierexperimenteller Daten kann der Zusammenhang zwischen der Exposition dieser Substanzen und neuronalen Entwicklungsstörungen als gesichert angesehen werden.

Keiner von uns wird erwarten, dass die aus der Vielzahl wissenschaftlicher Untersuchungen von mir ausgewählten Erklärungsversuche für die Beobachtung, dass wir eher dümmer als klüger werden, ausreichen, die Wahrheit zu finden. Sie stellen jedoch interessante Schlaglichter der anthropogen verursachten Veränderungen der Umwelt und Lebensweisen dar, die mittlerweile unsere Entwicklungsmöglichkeiten einschränken. Es klingt in der Tat bizarr, dass die Intelligenz des *Homo sapiens* hocheffiziente Bedingungen erzeugt, die seine Intelligenz vernichten (können).

Wahrscheinlich ist der Verlust an Klugheit auch dafür verantwortlich, dass die Freizeitvergnügen immer banaler werden. Ob Computer- oder Videospiele dazugehören, wird sehr kontrovers diskutiert. Tatsache ist (37), dass mittlerweile rund jeder zweite Deutsche solche Spiele spielt (34,3 Millionen Menschen), also knapp 46% der Gesamtbevölkerung. Diese Zahlen nennt der BIU – Bundesverband Interaktive Unterhaltungssoftware – unter Verweis auf Daten des Marktforschungsunternehmens GfK (Anmerkung: die Zahlen gelten für das Jahr 2017). Das Durchschnittsalter der Nutzer soll zwischenzeitlich auf 35 Jahre angestiegen sein. Den größten Anstieg der Spielerzahlen gab es danach in der Altersgruppe der über 50-jährigen auf 8,4 Millionen Menschen im Jahr 2017. Damit stellen die über 50-jährigen ein Viertel aller Spieler in Deutschland. Unstrittig ist, dass ein gewisser Anteil dieser Spieler – insbesondere bei online-Spielen – spielsüchtig werden kann (39), wie der Experte für molekulare Psychologie, *Christian Montag* erklärt. Am 18. Juni 2018 hat die Weltgesundheitsorganisation (WHO) die krankmachenden Folgen solcher Sucht in die Klassifikation von Krankheiten als „Gaming Disorder" aufgenommen. In der Tagesschau vom 18.06. 2018 wird Herr Vladimir Poznyak von der WHO mit folgender Begründung zitiert:

„Der Hauptgrund dafür sind nicht nur die vorliegenden wissenschaftlichen Beweise, sondern auch der Bedarf an Behandlung und die Forderung nach einer Anerkennung seitens der behandelnden Mediziner, die sich davon erhoffen, dass die Forschung verstärkt wird, dass vorbeugende Maßnahmen durchgeführt werden können und dass man sich mehr mit den gesundheitlichen Folgen dieser Sucht befasst."

Meine persönlichen Beobachtungen vom Besuch der Buchmesse 2018 in Frankfurt fügen dem oben gezeichneten Bild einen weiteren Tupfer aus dem Bereich der Freizeit-Literatur hinzu. Ich gestehe meine Verwirrung und Sprachlosigkeit bei der Begegnung junger Menschen überall auf dem Messegelände, die in mir rätselhaft vorkommenden, bunten, schrillen Kostümen verkleidet waren. Die Auflösung des Rätsels war so unerwartet wie schockierend: es handelte sich um junge Erwachsene in den Kostümen der Romanfiguren aus der sogenannten Fantasy-Literatur. Die jungen Menschen erschienen mir stolz und erfüllt von ihrer Identifikation mit dem Inhalt einer Scheinwelt, die durch das geschickte Mittel verbaler Verzauberung des Autors (z. B. von *Der Herr der Ringe*) zu einem absurden Konformismus einer Fan-Gemeinschaft mutiert war. Ob es mir gefällt oder nicht, ich muss mir die Frage gefallen lassen, inwieweit sich diese Art der „Inanspruchnahme" von Freizeit von derjenigen der vereinsmäßigen Pflege alten Brauchtums (wie z. B. Trachtengruppen oder Tanzbrauchtum) oder sonstigen retrospektiv ausgerichteten Aktivitäten unterscheidet, denen gemeinsam ist, dass Menschengruppen sich zumindest temporär aus der reglementierten und geregelten Welt der Aktualität verabschieden um sich in einer vermeintlich „heilen" Welt der Vergangenheit neu zu organisieren. Hier geht es also darum, für einen Moment ein „Hingucker" oder „Sonderling" zu sein, also die eigene Bedeutungslosigkeit abzustreifen und gegen ein Kostüm auszutauschen, mit dem es gelingen kann, **Farbe** zu **bekennen**, Blicke auf sich zu ziehen.

Wer diesen Gedanken folgen kann, wird auch erkennen, dass ich mit meinen dargestellten Beobachtungen Erscheinungen geschildert habe, die sich in ähnlicher Weise überall im Massensport entdecken lassen, genauso, wie ich sie in meinem ersten Buch im Kapitel *Lust und Sport* beschrieben habe. Dass Sport als freiwillige, spielerische Freizeitaktivität ideales Mittel der körperlichen Selbsterfahrung ist und gleichzeitig die eigene Integrationsfähigkeit in eine Gruppe ausbildet, soll durch diesen Hinweis nicht in Frage gestellt werden.

Die bisher betrachteten Beispiele von Freizeitaktivitäten lassen Zweifel daran aufkommen, dass die eingangs dieses Kapitels (S. 85) herausgelobten Möglichkeiten selbstbestimmten Handelns

auch wahrgenommen werden. Jedenfalls bei den Hauptbeschäf-
tigungen der 12- bis 19-jährigen stehen nach einer Befragung des
medienpädagogischen Forschungsverbands Südwest (37)
Smartphone- oder Computerspiele sowie Fernsehen ganz im Vordergrund der Freizeitnutzung, also konsumierende Aktivitäten.
Immerhin 16% dieser Altersgruppe lesen gar kein Buch! Ich
möchte an meine Feststellung erinnern, dass Sprache unsere Fähigkeit zur Selbstreflexion und damit das Entstehen von Vernunft
ermöglicht.

Mich plagen Zweifel nach all der Lektüre, die ich mir im Zuge meiner Recherchen für dieses Kapitel „angetan" und nicht für notwendig befunden habe, hier berücksichtigt zu werden, ob meine ge-
sellschaftswissenschaftlichen Kollegen genug kritisches Bewusstsein für die Brisanz haben, die in der aktuellen politischen Kon-
zept- und Sprachlosigkeit liegt. Die vermutlich honorarintensiven
Einlassungen sogenannter Experten zum Thema Freizeit klingen
samt und sonders bemüht bis verloren, kurz nutzlos. Viele Eltern
(oder Erziehungsberechtigte) haben aus Desorientierung oder
Unsicherheit jede Unterstützung ihrer Kinder auf dem Wege in
eine erfüllende Freizeit aufgegeben. Überforderung und Zeitman-
gel sind als wichtigste Gründe für dieses Desaster auszumachen
und belegen damit nachdrücklich, wie unreflektiert viele Menschen leben (oder wie weit die mediale Entmündigung bereits fort-
geschritten ist).

Die dargestellten Argumente erklären selbstverständlich nur einen Teil der Wirklichkeit. In einer nicht genauer bekannten Anzahl
von Familien (aussagekräftige Untersuchungen zu diesem Thema
konnte ich nicht finden) ist die freie Wahl der Freizeitaktivität überhaupt keine Option. Ausübung und Pflege eines Hobbys z. B.
muss hinter die Nutzung von „Freizeit" (freier, noch verfügbarer
Zeit) zur Erledigung von „Hausarbeit" oder ähnlichen Aktivitäten
zurücktreten, die aus Zeitnot oder finanziellen Gründen nicht mehr
in die Alltagsroutine zu integrieren sind. Defizite im Zeitmanagement einmal außer Acht gelassen, werden solche Bedingungen in
Familien angetroffen, die ihren Lebensalltag rund um ein Fami-
lienunternehmen organisieren müssen (Selbständige), die durch

Scheidung zerbrochen und danach neu „zusammengewürfelt" wurden (sogenannte Patch-Work-Familien) oder die aufgrund prekärer Arbeitsverhältnisse chronisch insolvent sind. Den beiden zuerst genannten Bedingungen ist gemeinsam, dass sie mit gutem Willen korrigierbar sind, also ein Minimum an Freizeit ermöglichen, weil ausbaufähige Geselligkeit bereits vorhanden ist. Sehr problematisch dagegen verhält es sich mit Familien (zum größten Teil alleinerziehende Mütter oder Väter), die wegen extrem knapper finanzieller Ressourcen in die soziale Isolation geraten. Die in diesen Teufelskreisen gefangenen Menschen freuen sich schon über Gelegenheiten, „einfach □mal reden zu können". Glücklicherweise gibt es ehrenamtlich tätige Menschen, die durch verschiedene Maßnahmen (39) lindernd intervenieren.

Geht der Sinn von Freizeit verloren?

Meine Enkelkinder erwarten zurecht kritische Vorschläge und nachhaltige Strategien von Erwachsenen für sinnstiftende Freizeitbeschäftigungen. Falls die Erwachsenenwelt keine Verschwörung von Menschen ist, die so tun als wären sie erwachsen, bin auch ich damit gemeint und natürlich die Eltern meiner Enkelkinder. Weil medial präsentierte Gestaltungsvorschläge für Freizeit – insbesondere die für Kinder empfohlene Freizeit – dazu missbraucht werden kann, Konsumorientierung in jungen Menschen anzulegen, sind diese Vorschläge grundsätzlich fragwürdig. Es ist die Familie, genauer die die Kinder betreuende Gemeinschaft erwachsener Menschen inklusive der Lehrer in den Schulen, die Vorschläge und Strategien entwickeln muss. Was also soll Freizeit leisten (bewirken)?

Auch auf die Gefahr hin, dass ich mich wiederhole, erlaube ich mir den Hinweis auf die Feststellung, dass Freizeit kein klar abgrenzbarer Teil verbrachter Lebenszeit eines Menschen ist. Sie ereignet sich quasi unbewusst als Herzschlag unseres Verlangens nach Entfaltung, Ausgleich oder einfach Ruhe. Es ist bisher nicht gut genug untersucht (höflich formuliert!) worden, was eine Beschränkung dieser Zeit und ihre Beeinflussung durch „kommerzielle Programmgestaltung" für Konsequenzen haben kann. Dass sich in ihr essenziell zwei wichtige Dinge ereignen – nämlich die freie Ausformung der Persönlichkeit und das Entstehen eines Bewusstseins für den Lebensraum, in dem wir uns entwickeln – dürfte außer Frage stehen. Für die Persönlichkeitsentfaltung bedeutend ist eine behutsame Annäherung an Formen und Formalien der Interaktion und Kommunikation sowie der Erwerb bestimmter Fähigkeiten (kognitiv oder koordinativ), durch spielerisches Ausprobieren. Das Bewusstsein für den Lebensraum kann sich nur entwickeln, wenn dieser Lebensraum erfahren wird. Entscheidend dabei ist, dass ich mich sowohl als Einflussnehmer erfahre wie als Beeinflusster.

Ich lebe im Ruhrgebiet, das von Millionen ehemaliger Bergleute bewohnt wird, die teilweise tief, sehr tief unter der Erdoberfläche ihre Arbeit verrichteten. Viele dieser Bergleute pflegten und pflegen ein Hobby, die Taubenzucht, für das sie in ganz Deutschland bekannt geworden sind. Ich verstehe das: es zeigt den Wunsch nach der Freiheit eines Vogels in den Weiten des Himmels, der in der bedrohlichen Enge und Dunkelheit eines Stollens tief unter der Erde geboren wurde. Mit dieser Allegorie möchte ich verdeutlichen, wie wertvoll Freizeit für unser Selbstbewusstsein ist. Wenn wir daher den Herzschlag unseres Verlangens nach Entfaltung durch einen Schrittmacher aus dem Internet, der Unterhaltungs- und Konsumgüterindustrie kontrollieren lassen, werden wir unsere wirklichen Sehnsüchte gar nicht entdecken, den Traum der Bergleute nicht erleben. Es liegt an jedem von uns, zu entscheiden, wie wir es mit diesem Traum halten, ob wir den Sinn von Freizeit verloren geben, oder nicht.

Was wird Freizeit zukünftig beinhalten?

Zuallererst Mut! Mut, etwas zu bewegen, wie es uns die Initiatoren von „Fridays for Future" vormachen. Wir, Eltern und Großeltern, müssen den jungen Menschen, die hinter dieser Bewegung stehen, Kraft geben, ihnen klar machen, dass sie auch mit unserer Stimme kämpfen und austragen, was wir nicht gewagt haben oder schlicht zu faul oder bequem waren, überhaupt zu denken! Freizeit, also die Zeit selbstbestimmten Einsatzes unseres Lebens für

Veränderungen, die wir für vernünftig, für unabdingbar und unaufschiebbar halten, wieder zu entdecken, das mussten beschämender Weise unsere Kinder und Enkelkinder uns in Erinnerung bringen. Mir ist schon klar, was die um Hirnforschung und neurologische Erkenntnisse bereicherte Philosophie mir bei dieser Feststellung entgegenhalten wird: ich bin gar nicht frei zu selbstbestimmter Erkenntnis. In Wirklichkeit ist es mein Unterbewusstsein, das mir Ideen präsentiert, die ich mir zuschreibe. Darauf kann meine Antwort nur lauten: „Na und?". Für mich als Wissenschaftler geht keine Wissenschaftlichkeit verloren, wenn ich mich bestimmter Erkenntnisse wegen non-konform verhalte, Erkenntnisse der Hirnforschung als das betrachte, was *ich ihnen* zuschreibe: hypothetischen Status! Solange ich Gründe für den Nutzen meiner existenzialistischen Methode habe, die auf Freiheit **und** Verantwortung beruht, werde ich diese nicht unkritisch aufgeben. Jede Annäherung an eine kritische Analyse der Wirklichkeit muss mit der Bereitschaft einhergehen, eine grundsätzlich neue Sprache zu verstehen, der ein bisher kaum geübtes Denken zugrunde liegt: algorithmisches Denken. Algorithmen zu verstehen, zu erkennen und damit umgehen zu lernen, wird einen größeren Teil der Freizeit in Zukunft einnehmen (müssen), wenn wir selbstbestimmte Entscheidungen auch weiterhin treffen möchten. Wenn Software auf Algorithmen aufbaut, deren Datenbehandlung zu Fehleinschätzungen führt, können die damit gesteuerten Maschinen mit höchster Präzision Leben vernichten, wie z. B. zwei Flugzeugabstürze in der jüngeren Vergangenheit zu belegen scheinen. Genauso gefährlich, wenn auch nicht unmittelbar lebensbedrohlich, kann die im Internet abgerufene Information sein, die uns eine Wirklichkeit präsentiert, die nicht wahr ist. Diese „Scheinwirklichkeit" ist erlogene „Wirklichkeit" – ein „Fake – weil ein Algorithmus hinter unserer Fragestellung etwas erkannt hat, das signalisiert, wir seien manipulierbar. Jeder von uns benutzt Sprache anders. Der Ausdruck – die Ausdrucksweise – beinhaltet Signale, an denen erkannt werden kann, ob der Sender eine „versteckte" Absicht verfolgt. Zwar sehe ich die „granulare Gesellschaft", die C. Kucklick in seinem Buch beschreibt (40) und in der wir zu kontrollierten „Singularitäten" werden , nicht als unmittelbar bevorstehende Konsequenz einer weit verbreiteten Ignoranz oder Unkenntnis über „algorithmic literacy" ([41], so etwas wie das Heranführen an einen verantwortungsvollen Umgang mit Algorithmen). Jedoch halte ich es für unverzichtbar, möglichst viele Menschen und zuvorderst meine Enkelkinder in die Lage zu versetzen, den Einsatz solcher Algorithmen zu erkennen und sich gegen die von diesen Systemen geforderten Entscheidungen ggf. zu wehren.

Gleich danach in der Prioritätenliste von Freizeitaktivitäten der Zukunft steht die Vermeidung einer Datenstreuung ins Internet. Die meisten von uns gehen auf eine kaum noch nachvollziehbar leichtsinnige Weise mit der Veröffentlichung höchst privater Daten um, wenn sie das Internet für sich nutzen. Wenn wir einer bestimmten Krankenkasse beitreten, mit einem Elektrizitätserzeuger/-versorger einen Vertrag abschließen oder mit einem Versicherungsunternehmen sind wir uns in aller Regel nicht bewusst, dass wir einen Teil unserer persönlichen Daten an „Datennutzer" abtreten, die damit Profile unserer Interessen erstellen und unser Konsumverhalten erfassen. Bei der Nutzung des Internets haben wir noch nicht einmal einen Vertrag abgeschlossen. Wir erhalten lediglich einen sogenannten Datenschutzhinweis, der uns darüber informiert, was offiziell mit unseren Daten geschieht. Über die eigentlich interessante inoffizielle Datennutzung erfahren wir jedoch nichts. Auf diese Weise ist das Private, das unsere Individualität ausmacht, nur noch Singularität, „digitale Identität" mit ernüchternder Reduktion des Daseins auf kommerzielle Verwendungseignung! Wir benötigen also noch einmal Mut, den Mut, loszulassen von dem Glauben an die unbedingte Notwenigkeit, Mitglied elektronischer („digitaler") Medien zu sein, jeden Tag die Neuigkeiten dieser Welt im Internet recherchieren zu müssen und anzunehmen, wir gehörten nicht zu dieser Welt würden uns diese Möglichkeiten fehlen.

Kommunikation und Interaktion mit anderen Menschen, nicht die indirekte, virtuelle oder medienvermittelte Beschäftigung mit ihnen macht Geselligkeit aus. Das Zusammensein mit anderen, das Disputieren über Fragen der Zeit in angeregter Runde entwickelt unsere Sinne, lässt unsere Talente ebenso deutlich werden wie unsere Begrenzungen. Die Schnelligkeit und die als grenzenlos wahrgenommene Verfügbarkeit von Informationen im world wide web ist nur vordergründig ein Gewinn – genau genommen lediglich des Raumbedarfs wegen, den eine entsprechend große Bibliothek in Anspruch nehmen würde. Meine Online-Suche wird mich mit Ergebnissen konfrontieren, jedoch nicht mit einer Bewertung, die auf meine individuelle Situation zutrifft. Ich habe quasi eine virtuelle Person – die Suchmaschine – für mich denken lassen und angenommen, dass diese Person mich versteht. Damit bin ich einem doppelten Irrtum aufgesessen, der im Wiederholungsfall zur Degeneration meiner Denkfähigkeit führen wird. Auf eine kurze, prägnante Formel gebracht, möchte ich klarstellen, dass Computer, dass das Internet *erstens* Freunde nicht ersetzen kann, *zweitens* den Austausch von Meinungen und Standpunkten nicht überflüssig macht und *drittens* die Anstrengung nicht übernimmt, die notwendig ist, um zu einer Erkenntnis zu kommen. Dabei bin ich noch nicht einmal auf den Wert eingegangen, den die auf solche Weise entstehenden Freundschaften für unseren Seelenfrieden haben. Die Tragweite des schon in meinem ersten Buch (4) zitierten Aphorismus von *A. Schopenhauer* (42), wonach Geselligkeit ohnehin nur dem Zweck diene, der Vereinsamung entgegenzuwirken, wird mir bei der Entwicklung heutiger Freizeitvergnügen vollends bewusst. Freizeit muss beides möglich machen, das Ausbilden **und** das Entfalten von Persönlichkeit. Geselligkeit als Teil dieser Freizeit ist unverzichtbar für das Anbahnen von Beziehungen zwischen einzelnen Individuen desselben und/oder unterschiedlicher Kulturkreise(s). Freizeit muss dazu dienen, ein „Gefühl" für die Welt um uns herum zu bekommen, für die Gedanken, die Menschen bewegt, politisch zu sein, für die Wertschätzung unserer Einmaligkeit, mit der wir Teil einer Gemeinschaft sein können kraft unseres Könnens, unserer je spezifischen Begabung und unserer Einsicht, dass Zukunft gemeinsam mit anderen am besten gelingt.

Um ein großes Missverständnis auszuräumen: Freizeit, also die Zeit, die ich selbstbestimmt für mich in Anspruch nehme, muss nicht zwangsläufig, auf jeden Fall nicht ausschließlich mir zugute-kommen. Sie kann hingegeben werden für andere oder an eine Aufgabe mit anderen zum Wohle vieler, wie von ungezählten Ehrenamtlern praktiziert.

Ich kann dieses Kapitel nicht beenden, ohne die Dimension „Zeit" in meiner Festlegung des Begriffs Freizeit behandelt zu haben.

Was bedeutet uns „Zeit" in der Freizeit?

Wir erinnern uns: Zeit als physikalische Größe „t" ist definiert und hat die Einheit „s" (Sekunde). Die Sekunde ist normiert auf einen Schwingungszustand im Caesium-Atom:

"Die Sekunde ist das 9.192.631.770-fache der Periodendauer der dem Übergang zwischen den beiden Hyperfeinstrukturniveaus des Grundzustands von Atomen des Nuklids Cs^{133} entsprechenden Strahlung."

Wer seine Physikkenntnisse weiter auffrischen möchte, kann sich u. a. online über „Wikipedia" alles Wissenswerte auf den Monitor holen. Für das weitere Verständnis wichtig ist nur die Tatsache, dass Zeit nur eine Richtung kennt: von der Vergangenheit in die Zukunft, und dass Vorgänge oder Ereignisse immer in dieser Richtung ablaufen und irreversibel sind. Das hat zur Folge, dass etwas Geschehenes nicht rückgängig zu machen ist und auch nur retrospektiv verstanden werden kann. Wir erleben Zeit ganz praktisch durch Veränderung um uns herum – z. B. in der Natur als Jahreszeiten – und in uns – z. B. als unsere innere Uhr, die uns morgens erwachen und abends wieder müde werden lässt. Zeit kann nicht als solche erlebt werden – sie hat keinen Geschmack, keinen Geruch, keine Farbe, ist nicht tastbar – sondern immer nur im Zusammenhang mit Handlungen und Veränderungen. Die subjektiv von uns wahrgenommene Zeit zu bestimmten „Zeitpunkten" in unserem Leben hat objektiv etwas mit dem zu tun, was wir erlebt und wie wir das Erlebte bewertet haben. Bei der Bewertung bedien(t)en wir uns der jeweils aktuellen Wertmaßstäbe der Gesellschaft, die wir für uns verbindlich akzeptiert haben. Erst dadurch werden „Zeitqualitäten" erklärbar, die in uns als Gefühle wie Hoffnung, Furcht, Erwartung oder Stress (im Sinne des Gehetztseins) entstehen. Bestimmte wiederkehrende Aktivitäten und

Handlungen werden nach ihrer Bedeutung (kurz-, mittel- bis langfristig) eingeordnet. Dadurch wird ihnen eine Rolle bei der Strukturierung unterschiedlicher Lebensphasen und letzten Endes des gesamten Lebens zuteil.

Worauf ich mit diesen Gedanken über den Zeitaspekt, das zeitbezogene Handeln und Zeiterleben hinauswill, ist klar: ein todkranker Mensch wird mit seiner „Freizeit" ganz anders verfahren als ein kerngesunder. Der Wert, den ich bestimmten „Zeitkontingenten" im Rahmen meiner Lebenszeit zuschreibe, entscheidet über die konkrete Verwendung der Zeit.

Aufgeklärte Menschen, Menschen also, die verstehen wollen und dies auch vermögen, d. h. Vergangenes reflektieren und zukünftiges antizipieren können, werden auf das aktuelle Erleben mit Angst reagieren und aus dem verarbeiteten Erscheinungsbild der Gegenwart Erwartungen (Pläne) für die Zukunft formulieren. Die vereinzelten Exemplare dieser Menschen, die warn(t)en vor einem *„weiter so"* und krank sind von der Vorstellung, dass bestimmte Entwicklungen, die wir vor Jahrzehenten verursacht haben, mit geradezu zynischer Perfektion Lebensraum-vernichtend um sich greifen, erreichen die Masse der Gleichgültigen nicht in ausreichendem Ausmaß, auch deshalb, weil die anderen Exemplare, die wenigen wirkstarken „Einfluss-Nehmer" die mächtigere Lobby besitzen. Diese Lobby schafft es, Wahrheiten aus der Welt zu zaubern, und das erreicht sie mit sehr verlockenden Geld- oder Statusversprechen.

Wir dürfen uns nicht einreden lassen, dass unsere Beobachtungen am Erscheinungsbild der Gegenwart von Wahrnehmungsbedingungen abhängig sind. Experten, die uns die Veränderungen vor Augen führen – wie z. B. das besorgniserregende Artensterben, die wiederkehrenden Wetterkatastrophen – haben ausnahmslos recht, wenn sie unsere atemberaubend Ressourcenverbrauchende Lebensweise dafür verantwortlich machen. Wir können in unserer Freizeit also nicht einfach dazu übergehen, so weiter zu machen wie bisher, unsere individuellen Wünsche ohne

Gedanken an die Konsequenzen ausleben, als wäre das problemlos möglich. Wir müssen die Zeit in unserer Freizeit dazu nutzen, *uns* zu verändern! Es bleibt uns nur wenig Reaktionszeit für eine angemessene, wirksame Selbstveränderung – falls diese nicht schon abgelaufen ist und uns nur noch ein begrenztes *„Zeiterleben"* übriglässt. Für meine Enkelkinder ist es ein Erwachsenwerden in ganz schwierigen Zeiten, für uns Ältere eine Wiedergeburt der Pubertät, weil sie uns einsame Entscheidungen abverlangt, Anpassungsanforderungen stellt. Freizeit muss – vielleicht für eine Zeit von mehr als einer Generation – praktizierter ziviler Ungehorsam werden, bis ein Zustand erreicht ist, der uns die Freiheit zurückgibt, die wir durch eine gänzlich unreflektierte Lebensweise verloren haben. *Menschsein bedeutet,* sich bewusst für etwas zu entscheiden. Dass man sich damit auch gegen etwas entscheidet, ist sekundär, weil es sich so ergibt, es sei denn, dass es sich um das eigene Leben handelt.

Hier angekommen, am Ende meines „Freizeit-Kapitels", bin ich alles andere als sicher, ob wir frei und selbstbestimmt entscheiden können, wie wir unsere Freizeit verbringen oder ob wir uns nicht besser vom althergebrachten Freizeitverständnis als Kontrapunkt zur fremdbestimmten Arbeitszeit verabschieden. Alle Ideen, Erfindungen, Innovationen, die wir im Rahmen unserer zukünftigen Welt der Arbeit entwickeln, werden wir viel intensiver als je zuvor darauf prüfen müssen, ob sie naturverträglich sind, ob sie die komplexen Regelmechanismen, die Ökosysteme regulieren, beeinflussen können. Freizeit wird damit zu etwas ganz Neuem, zu einer Art „Pflichtzeit", die jeder im Leben investieren wird, um durch Taten dazu beizutragen, Konsequenzen alter Verfehlungen abmindern zu helfen und neue Verfehlungen zu verhindern. Wenn wir noch „kreative Freizeit" mit unseren Enkelkindern verbringen wollen, müssen wir unsere Gleichgültigkeit, Ignoranz und Oberflächlichkeit überwinden. Um einen bereits geschriebenen Satz fortzusetzen, kann die an eine Aufgabe mit anderen hingegebene Freizeit zum Kern neuer Freizeitausübung werden.

Kapitel 6
Schlussbetrachtung

Was fangen wir mit unserem Leben an, wenn die Zeit gekommen ist, die uns frei sein lässt vom Zwang der Verpflichtungen, denen wir nachhingen wie dressierte Idioten? Zunächst müssen wir uns neu sortieren, denn frei zu sein, über sich und sein Tun selbst zu bestimmen, ist anstrengend, ist ungewohnt. Dann – hoffentlich bald nach dieser Umstellung – werden wir wieder – wie schon vorher, jedoch mit ganz anderer Zielsetzung und Freude am Handeln – anfangen zu arbeiten. Arbeit hat zu diesem Zeitpunkt eine ganz andere Bedeutung erhalten: sich endlich zu stellen, keine Ausreden mehr zuzulassen, den bohrenden Fragen nicht mehr auszuweichen, sich nicht vor der eigenen Unvollkommenheit verstecken zu können und sein Talent auf das anzuwenden, was wichtig ist – Mensch unter Menschen zu sein! Schade eigentlich, dass wir immer erst dann, wenn wir uns aus der Dressurroutine „Arbeit" als Ruheständler verabschieden, Anlagen in uns entdecken und zu entwickeln oder weiterzuentwickeln beginnen, die schon viel früher hätten gebraucht werden können. Millionenfach strömen die grauhaarigen Wesen, gezeichnet von der Qual ihrer Irrtümer und Lebensenttäuschungen durch die Kontinente dieser Welt und lügen sich wichtig, ängstigen sich vorm Älterwerden oder sind schon mittendrin in den Händen der „Pflegepiraten", die ihnen den Rest an Würde stehlen. Ich habe eine klare Botschaft, die sich einfach ausdrücken lässt: Wir sind auf dem besten Wege, uns abzuschaffen und im Zusammenhang damit auch gleich den Lebensraum, der uns hervorgebracht hat. Deshalb ist ein Innehalten angezeigt, für alle Ethnien dieser Welt, für alle Freunde und Feinde, Gläubigen (egal welcher Bekenntnisse) und Ungläubigen, Wissenschaftler und sonstige Zu- oder Angehörige irgendwelcher Gruppen, das zum Ziel hat, sich über unsere Zukunft zu einigen. Wir müssen miteinander reden, und zwar Tacheles! Wenn Zukunft mit uns geschehen soll, müssen wir schnellstens – jedoch dennoch gründlich – einen Katalog von weltweit verpflichtenden Geboten erarbeiten, eine Weltpolizei schaffen und einen Weltgerichtshof, dem die Urteilsfindung im Falle von Verfehlungen obliegt. Es hat überhaupt keinen Zweck, die Stirn in Falten zu legen, oder die üblicherweise bei solchen Vorschlägen aufkommende Bemerkung – „das sind ja alles Hirngespinste" – vorzubringen und das Thema damit zu beenden. Wir müssen handeln! Die verpflichtenden Gebote, die uns leiten, sind:

i.) Qualitativ anspruchsvollen Lebensraum (sichergestellte Energie-, Wasser-, Lebensmittel-, Gesundheits-Versorgung) erhalten

ii.) Werte-Verwirklichungsmöglichkeiten, die Aggressionen verhindern, vereinbaren

iii.) Konventionen für Gesellschaftsordnungen festlegen, in denen Pluralismus möglich ist ohne automatisch Wohlstand zur Konsequenz zu haben.

Wir haben in den drei behandelten Kapiteln festgestellt, dass ethische Rahmenbedingungen für unser Handeln viel zu lange unberücksichtigt geblieben sind. Was durch die Veränderungen in der Arbeitswelt auf die Konzeption von Familienmodellen und durch diese wiederum auf die Freizeitgestaltung zerstörend gewirkt hat, ist vermutlich nicht mehr rückgängig zu machen, jedoch aufzuhalten. Die mit einem Höchstmaß an Intelligenz von uns geschaffenen Selbstzerstörungsmechanismen müssen angehalten werden. Lieber keine **Farbe bekennen**, bevor es die falsche ist – das waren die Glaubensbekenntnisse meiner Eltern, die das Deutschland von 1933 bis 1945 möglich machten. Lieber keine Regierung als die falsche Regierung, das sind die Glaubensbekenntnisse sogenannter „freier" Demokraten im 21ten Jahrhundert! Diese Art zu argumentieren muss endlich aufhören. Auch Politikern ist abzuverlangen, dass sie erwachsen werden. Denen sei mitgeteilt, dass man erst erwachsen ist, wenn man die wichtigsten Dinge im Leben einmal verloren hat: den Job, die Heimat, Freunde und den Glauben an ein Leben nach dem Tod.

Wir handeln täglich nach der Devise einer Aufwand/Nutzen-Betrachtung. Dabei stellen wir die Frage nach dem Wert, den wir einem bestimmten Aufwand, einer damit verbundenen Anstrengung und einem resultierenden Risiko zuordnen, und setzen diesen Wert ins Verhältnis zum erzielbaren Nutzen. Natürlich können wir dies nur dann leisten, wenn wir über ein Wertesystem verfügen, das sich im Laufe unseres Lebens sozusagen als „stillschweigender" Orientierungskompass etabliert hat. Damit können wir unser Tun und Lassen anlassbezogen schnell und zuverlässig steuern, ohne jedes Mal aufs Neue den aufwendigen Prozess der Werturteils-Findung durchzuführen. Sozialisation, also die „Geselligkeitsentfaltung" unter gleichen oder sehr ähnlichen Individuen in der Zone der Gesellschaft, die uns umgibt, erzeugt eine zuverlässige Konformität unserer Beurteilung. Unsere Einstellung zu bestimmten Werten ist also vorhersehbar.

Unendlich viele kleine und größere Veränderungen in der Gesellschaft unmittelbar um uns herum führen andauernd und beinahe unbemerkt zur Aufnahme neuer Werte, in geringerem Ausmaß zur Ablehnung und/oder Korrektur (Überarbeitung) bestehender Werte. Dieser Wertewandel im Einzelnen drückt sich auch in bestimmten Entwicklungen im Ganzen aus (z. B. in unserer Toleranz gegenüber ethnischen Minoritäten). Die täglich (eventuell mehrmals) sich wiederholende Aufwand/Nutzen-Betrachtung spiegelt beides wider, unsere je ganz persönliche Entwicklung mit all ihren vorhersehbaren und besonderen Elementen genauso wie die Entwicklung der Gesellschaft, die uns hervorgebracht hat und der gegenüber wir uns verhalten, zu der wir ein Verhältnis haben. Diese **Verhältnismäßigkeit** macht jeden von uns aus, birgt die Antwort auf die Frage nach unserem Sinn, nach unserer Bestimmung in sich. Eigentlich reicht es aus, über die dargelegten Zusammenhänge Bescheid zu wissen. Sie genauer zu untersuchen, ihnen Gedankenarbeit zu widmen, ist immer zeitaufwendig verspricht jedoch viel Genugtuung. Sie dagegen zu verdrängen, auch nur zu ignorieren, kann das vernichten, was uns als Menschen ausmacht: Menschlichkeit, d. h. zu wissen, dass wir für „etwas" da sind und zwar für und mit andere(n).

Mein Versuch, Arbeit, Familie und Freizeit im Wesentlichen aus heutiger Sicht mit gewagter Rückschau ins vergangene Jahrhundert und mutiger Vorschau in die nächsten 20 Jahre darzustellen (s. Abb. 7), Verbindungen zu suchen und nicht mehr zusammenführbar Getrenntes aufzuspüren, hat mich viel Überwindung gekostet, hat mich auch leiden lassen. Ich werde den Eindruck nicht los, dass meine Einlassung nur Stückwerk geblieben ist, eigentlich nicht zu Ende gehen kann, ja ernst genommen als tägliche Verpflichtung fortgeschrieben werden müsste.

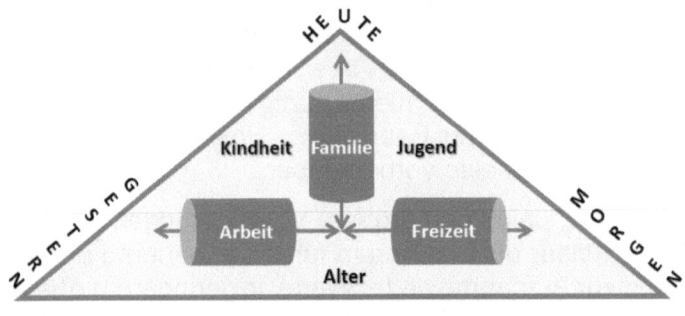

Abb. 7: *Die relative Bedeutung von Familie, Arbeit und Freizeit* in Abhängigkeit vom Blickwinkel. Kindheit, Jugend und Alter stellen die individuelle Bedeutungskonstellation innerhalb einer Generation dar. Gestern, heute und morgen stehen für die historischen Bedeutungskonstellationen über mehrere Generationen hinweg.

Dennoch habe ich mich entschieden, an dieser Stelle erst einmal aufzuhören. Mein Wissen über Zusammenhänge ist größer geworden und im selben Maß ist mein Unbehagen gestiegen, dass diese Zusammenhänge nichts Gutes bedeuten. Eine Gesellschaft, in der Geld und Prestige die Spitze des Wertesystems einnehmen, in der Liebesbeziehungen sich als Aufeinanderfolge immer kürzerer Episoden ereignen, so wie das Erwerben und wieder

Abstoßen eines neuen Autos, in der das Konsumieren zum Prinzip des Daseins geworden ist, lässt mich ziemlich ratlos zurück. Die Feststellung, dass Arbeit sich rasant verändert, d. h. ihre Verfügbarkeit, ihr Inhalt und ihre praktizierten Formen in weiteren 10 Jahren von heute aus gesehen erneut eine Entwicklung durchlaufen haben werden, die einem Quantensprung gleichkommt, ist zu erwarten wie zu erwarten ist, dass ich als dann 80-jähriger einige Entwicklungen im digitalen Umfeld nicht mehr verstehen werde. Familie als Dienerschaft Erwachsener an der jeweiligen jungen Generation wird sicher fortbestehen, wenngleich das Modell aus leiblichen Eltern mit Kind keine großen Chancen hat, die Gesellschaft der Zukunft zu dominieren. Schließlich wird Freizeit zu einer Art Pflichtveranstaltung mit anderen zum Ziel haben, Strategien zu entwickeln, die helfen können, unsere Zerstörung der Welt in Grenzen zu halten. Ganz verhindern werden wir sie nicht! Unser Gesellschaftsmodell, die parlamentarische Demokratie, mit der wir uns erfolgreich von den Zerstörungen der Zivilisation erholt haben, ist weder flexibel, effizient noch zeitgemäß genug, die Zukunft zu bewältigen. Die Demokratie als Grundform gesellschaftlicher Organisation halte ich – bei aller Kritikwürdigkeit im Detail – für alternativlos, die Beauftragung einer Partei zur Umsetzung meines politischen Willens jedoch für obsolet. Die von den Bürgern aufgebrachten Mittel zur Finanzierung einer Regierung müssen für diesen Zweck transparent und überprüfbar sein. Die Sitzverteilung im Parlament, der sogenannte Parteienproporz, seine Finanzierung aus Steuermitteln und die Unterstützung von Parteien mit Spenden aus privater Hand sind abzuschaffen/zu verbieten. Wegen der wachsenden Komplexität der einzelnen Aufgabenfelder (Ministerien) muss wert gelegt werden auf die Fachkompetenz und Unabhängigkeit der Mandatsträger, die direkt vom Bürger wählbar sind.

Viele werden mein ernüchterndes Fazit nicht teilen, ja, es vermutlich sogar ablehnen. Denen antworte ich mit *Richard David Precht* (43): *"Ein philosophisches Buch, dem jeder zustimmen kann, wurde [auch] nicht geschrieben. Und würde man es schreiben, wäre es sicherlich belanglos."*

Epilog

Die vorgestellten Gedanken, liebe Enkelkinder, Sophia und Livio, stelle ich Euch zur Verfügung. Mir ist klar, dass ich damit allein nichts für die Anbahnung einer guten Ausgangsbasis erreichen konnte, auf der Eure Zukunft aufgebaut werden kann. Bedauernswert auch, dass ich zugeben muss, Fehler verantworten zu müssen, die sich auf Eure Zukunft auswirken werden. Es ist nicht von Nutzen, sich an dieser Stelle dafür zu entschuldigen. Viel sinnvoller ist es, diese Einsicht mit Euch zu teilen und gemeinsam zu versuchen, daraus das Beste abzuleiten. Dazu gehört es z. B., die Einsicht mit Inhalt zu füllen, dass menschliche Existenz und Verantwortung untrennbar zusammengehören. Das Vergehen und Neuentstehen von Werten in einer sich weiterentwickelnden Gesellschaft mitzugestalten, ist so eine Verantwortung. Eure Voraussetzungen, diese Verantwortung zu meistern, eventuell für andere Menschen Eurer Generation Leitfunktionen zu übernehmen, sind sehr gut. Ihr werdet Euch bald und dann vehement neuen Fragen stellen müssen, werdet feststellen, dass es verdammt schwierig ist, Antworten zu formulieren, die ausreichen, Krisen zu überwinden, für die ihr größtenteils gar nicht verantwortlich seid. Mit der Verantwortung ist das so eine Sache: man muss sie manchmal auch dann übernehmen, wenn man für die Situation, in der sie gefordert ist, nicht zur Rechenschaft zu ziehen ist.

In dieser Erkenntnis versteckt sich meine Empfehlung für Euch und Eure Freunde, Euch nicht aufzuhalten mit dem Ärger über meine und die Fehler eurer Eltern, Euch nicht ablenken zu lassen von den Verheißungen der Gleichgültigkeit, die um sich gegriffen hat, wie eine Pandemie. Wenn ihr es schafft, aus dem von uns hinterlassenen Desaster zu lernen, wird alles weitere Denken und daraus folgende Handeln Euch selbstverständlich erscheinen. Beides, Denken und Handeln kann in die Irre oder ins Aus führen. Keiner von den „Alten" wird Euch den einzig richtigen Weg aus der Misere zeigen können. Jedoch wäre ich nicht der Autor dieses Buches, euer Großvater, hätte ich hiermit nicht ein Versprechen zu geben, das Euch Mut machen soll: mit den niedergelegten

Weisheiten in diesem Buch überreiche ich Euch einige strategische Ansatzpunkte in der Hoffnung, damit zu helfen, einige Eurer voraussichtlichen Probleme in einer nicht mehr allzu fernen Zukunft zu lösen. Was Euch wirklich gegenüberstehen wird, kann ich heute nur ahnen, jedoch nicht wissen. Nicht nur deshalb dürft ihr an meine Lebenserfahrung appellieren, wann immer ihr wollt und mich herausfordern. Zu guter Letzt noch ein paar Selbsterkenntnisse, die ich mir für Euch und ganz zum Schluss aufgehoben haben.

Was man über mich wissen sollte, jedoch nicht muss!

Panta rhei – alles fließt, alles ist im Werden, in unaufhörlicher Bewegung! Dieser Grundsatz meiner naturwissenschaftlichen Denkweise hat Auswirkung auf die Wahrnehmung von **Wahrheit**. Was wir für wahr halten ist immer provisorisch.

Wir bilden aufgrund unseres Wissens Modelle, Vorstellungen von den „Gesetzmäßigkeiten" der Welt, und müssen doch erkennen, dass die darin abgebildete „Wirklichkeit" immer wieder überdacht werden muss. Wahrheit und Wirklichkeit sowie deren Entwicklung im Lauf der Geschichte der Menschheit sind vorläufig, weil unser Wissen sich entwickelt, voranschreitet. Bescheidenheit und Demut dem Unwissen gegenüber treiben mich ebenso um wie die Suche nach neuem Wissen. Es gehört zu meinen essenziellen Bedürfnissen, an dem Prozess der Wissensmehrung teilzuhaben. Hierin finde ich mein Glück, meine Selbstbestimmung. Es wäre ein großes Unglück für mich, zu erkennen, dass ich nicht mehr denken kann.

Meine Fähigkeit zu denken ist ein großer Glücksfall, den ich auch als Verpflichtung begreife. Solange ich denke, muss ich zweifeln und infrage stellen. Das klingt vielleicht anstrengend, mach jedoch sehr glücklich.

Henning Mankell schreibt in seinem Buch (44): „*die elementare Kraft-quelle, die uns erfolgreich macht, sind unsere Lebenslust und Lebensfreude. Ge-paart mit einer ständig lebendigen Neugier und Wissensbegierde erhält man ein Bild der vollkommenen, einzigartigen Fähigkeit des Menschen*".

Und über die Zeit sagt er: „*Was auch immer die Zeit ist, wir leben mit ihr stets in der Vergangenheit. Im gleichen Augenblick, in dem ich das Wort, das ich hier schreibe, denke und niederschreibe, hat die Zeit es bereits in die Vergangenheit gerückt. Was wir auch tun, erinnern oder wovon wir träumen, es gibt kein Jetzt. Auf diese Weise leben wir immer mit einem Fuß in einer Zeit, die vergangen ist und nie wiederkommt.*"

Ich stimme beiden Anmerkungen zu. Wenn Lebensfreude versiegt, gibt es keine Lebenslust mehr. Die Neugier auf das, was morgen sein wird, weicht der deprimierenden Erkenntnis des nahenden Todes. Da kein Mensch weiß, ob dem Tod noch etwas folgt, wird Schwermut und vielleicht Verzagtheit einkehren. Die Fähigkeit, das „Jetzt" zu akzeptieren, immer noch weiter Freude am Leben zu haben, die Erkenntnisse schwerer Stunden und Tage bereitwillig als Erfahrung unseres Lebens anzunehmen, wird nachlassen oder ganz aufhören, da zu sein. Und der Rückblick auf unsere Vergangenheit und glückliche Träume und Augenblicke wird nicht mehr helfen, denn wir wissen, dass sie der Vergangenheit angehören, nicht wiederkommen. **Aber**: solange wir leben, mit all unseren Sinnen wach und vollständig wahrnehmen, uns als Teil des „Jetzt" begreifen, sind wir Teil der Welt. Wir können das, was von uns bleiben wird oder soll immer noch beeinflussen, und das sollte uns den Mut zur Freude an dieser Zeit – von der wir wissen, dass sie begrenzt ist – zurückbringen. Und wir sollten einsehen, dass wir gar keine andere Wahl haben, als mit Zuversicht fortzusetzen, was uns geschenkt wurde und was wir irgendwann in selbstbestimmter Weise ausgerichtet haben, unser Leben.

Liebe – so viel sei am Ende noch angemerkt – ist ein schwieriger Begriff, weil er unendlich missbraucht wird und tausendfach interpretierbar ist. Ich meine damit hier die Fähigkeit, Zuneigung zu geben und zu erfahren. Liebe ist also beides, Hingabe und Aufgabe, Schenken und Nehmen, empfinden und wahrnehmen. Wer nicht bereit ist, von sich zu geben, sich zu verschenken, kann nicht lieben. Hier füge ich nur noch hinzu: ohne Liebe erfahren zu haben, kann kein wirkliches Glück im Leben eines Menschen sein. Wer aus Vorsicht, sich preis zu geben – was ich längere Zeit getan habe – diese Erfahrung nicht gemacht hat, dem ist ein großes Glück nicht zuteil geworden. Ich bin zutiefst dankbar für diese Erfahrung, die nicht zu Ende ist, die mich begleiten wird bis zum Ende meiner Zeit in diesem Leben.

Literatur / Quellen

(1) Ludwig Wittgenstein. Tractatus logico-philosophicus Logisch-philosophische Abhandlung. Suhrkamp Verlag, Frankfurt 1969

(2) Karl R. Popper. Ausgangspunkte Meine intellektuelle Entwicklung. Verlag Hoffmann und Campe, Hamburg 1979

(3) Friedrich Wilhelm Nietzsche. Götzen-Dämmerung *oder wie man mit dem Hammer philosophiert*. Werke in zwei Bänden Band II Carl Hansa Verlag, München 1967

(4) Bernd G. Renner. Was uns antreibt. Gedanken über das Menschsein Teil I ISBN 9783746978772, Verlag tredition, Hamburg, 2018

(5) Hannah Monyer & Martin Gessmann. Das geniale Gedächtnis. Albrecht Knaus Verlag, München 2015

(6) Bedeutung der Arbeit. Ein Kooperationsprojekt von GfK und Bertelsmann Stiftung. www.bertelsmann-stiftung.de/fileadmin/files/user_upload/Bedeutung_der_Arbeit_final_151002_korr.pdf

(7) Deutsches Institut für internationale pädagogische Forschung eds. Bildung in Deutschland 2018. Ein indikatorengestützter Bericht mit einer Analyse zu Wirkungen und Erträgen von Bildung. wbv Medien GmbH & Co. KG, Bielefeld 2018; ISBN 978-3-7639-5964-8

(8) http://www.spiegel.de/wirtschaft/soziales/wohlstand-in-deutschland-wer-profitiert-wirklich-vom-dauerboom-a-1230464.html

(9) Elisabeth Kolbert. Enter the Anthropocene-Age of Man. National Geographic March 2011, p. 60

(10) Felix Stalder. Open Cultures and the Nature of Networks. Revolver – Archiv für aktuelle Kunst (Co-Publisher), Frankfurt 2005; ISBN 3-86588-211-0

(11) Thomas Metzinger. Postbiotisches Bewusstsein: wie man ein künstliches Subjekt baut und warum wir es nicht tun sollten. www.philosophie.uni-mainz.de/metzinger/publikationen/Postbiotisches_Bewusstsein.pdf

(12)Katharina Dengler & Britta Mathes. Folgen der Digitalisierung für die Arbeitswelt. Substituierbarkeitspotenziale von Berufen in Deutschland. Institut für Arbeitsmarkt- und Berufsforschung. 2015 http://www.econstor.eu/handle/10419/146097

(13)Wilhelm Bauer, et al. ELAB 2.0. Wirkungen der Fahrzeugelektrifizierung auf die Beschäftigung am Standort Deutschland. Fraunhofer-Institut für Arbeitswirtschaft & Organisation, 2018.

(14)Kerstin Jürgens, Reiner Hoffmann, Christina Schildmann. Arbeit transformieren! Forschung aus der Hans Böckler Stiftung Transcript Verlag, Bielefeld 2017 PDF-ISBN 978-3-8394-4052-0

(15)Oliver Stettes et al. (2017): Arbeitswelt 4.0: Wohlstandszuwachs oder Ungleichheit und Arbeitsplatzverlust – was bringt die Digitalisierung? ifo Schnelldienst, ISSN 0018-974X, ifo Institut - Leibniz-Institut für Wirtschaftsforschung an der Universität München, Vol. 70, Iss. 07, pp. 3-6

(16)Melanie Arntz, Terry Gregory, Ulrich Zierahn (2017): Digitalisierung und die Zukunft der Arbeit. ifo Schnelldienst, ISSN 0018-974X, ifo Institut - Leibniz-Institut für Wirtschaftsforschung an der Universität München, Vol. 70, Iss. 07, pp. 6-9

(17)Peter Singer: Effektiver Altruismus – eine Anleitung zum ethischen Leben. Suhrkamp Verlag Berlin 2016

(18)Peter Singer: Praktische Ethik. Dritte, revidierte und erweiterte Auflage 2013. Reclams Universal-Bibliothek Nr. 18919, Ditzingen 2018

(19)Cornelia Daheim, Ole Wintermann. 2050: Die Zukunft der Arbeit. Ergebnisse einer internationalen Delphi-Studie des Millennium Project. Bertelsmann Stiftung (Hrsg.) 2016

(20) https://www.fr.de/politik/bundesrechnungshof-ermittelt-gegen-verteidigungsministerium-11039283.html

(21)Oliver Stettes. Arbeitswelt der Zukunft. Wie die Digitalisierung den Arbeitsmarkt verändert. Hrsg. Institut der Deutschen Wirtschaft Köln Medien GmbH, 2016

(22)Yvonne Lott. Selbstorganisiertes Arbeiten als Ressource für Beschäftigte nutzen! Hans Böckler Stiftung. Forschungsförderung Policy Brief Nr. 003, 2017

(23) Elisabeth Badinter. Mutterliebe – Geschichte eines Gefühls vom 17. Jahrhundert bis heute. Piper Verlag 2002

(24) Richard David Precht. Liebe ein unordentliches Gefühl. Wilhelm Goldmann Verlag, München 2009

(25) Lisa-Maria Werzin, Bernhard Resch. Das Mikrobiom des Neugeborenen. Pädiatrie und Pädologie, Vol. **50**: 160 -167, 2015

(26) Andreas Stallmach, Maria J.G.T. Vehreschild (Hrsg.) Mikrobiom. Wissenstand und Perspektiven. Walter de Gruyter GmbH, 2016

(27) Datenreport 2018. Ein Sozialbericht für die Bundesrepublik Deutschland. Bundeszentrale für politische Bildung, Bonn 2018. www.bpb.de/datenreport

(28) David Cooper. Der Tod der Familie. Rowohlt Verlag, Reinbek bei Hamburg, 1972

(29) Jean Paul Sartre. Die Wörter. Lizenzausgabe des Rowohlt Verlags für Bertelsmann, Reinhard Mohn OHG, Gütersloh, Buch-Nr. 5607'0750

(30) www.un.org/depts/german/menschenrechte/aemr.pdf

(31) Richard E. Nisbett. The Geography of Thought. Free Press Simon and Schuster New York 2003

(32) https://www.stiftungfuerzukunftsfragen.de/newsletter-forschung-aktuell/279.html

(33) Martin Korte. Wir sind Gedächtnis. Wie unsere Erinnerungen bestimmen, wer wir sind. Deutsche Verlagsanstalt München, 2017

(34) Sreedharan Sajikumar et al. Competition between recently potentiated synaptic inputs reveals a winner-take-all phase of synaptic tagging and capture. PNAS, Vol. **11**, 12217-12221 (2014)

(35) B.B. Mughal et al. Thyroid-disrupting chemicals and brain development: an update. Endocrine Connections (2018) **7**, R160-R186

(36) Johannes Breuer. Culture + 1 – Digitale Spiele und kulturelle Bildung. https://www.kubi-online.de

(37) JIM-Studie 2018. Basisuntersuchung zum Medienumgang 12- bis 19-jähriger. Medienpädagogischer Forschungsverband Südwest. https://www.mpfs.de/fileadmin/files/Studien/JIM/2018/Studie/JIM_2018_Gesamt.pdf

(38)Christian Montag. Homo Digitalis. Smartphones, soziale Netz-
werke und das Gehirn. Buchreihe: *essentials*. Verlag: Springer
Fachmedien Wiesbaden, 2018

(39)https://www.demografiewerkstatt-kommunen.de/Projekt

(40)Christoph Kucklick. Die granulare Gesellschaft. Wie das Digitale
unsere Wirklichkeit auflöst. Ullstein Buchverlage GmbH Berlin
2016

(41)Maria Csernoch, Piroska Biro. The power in digital literacy and
algorithmic skill. Procedia Social and Behavioral Sciences **174**
(550-559), 2015

(42)Hans-Peter Haak & Carmen Haak (Hrsg.). Schopenhauer:
Aphorismen zur Lebensweisheit 1851. Wiederherstellung des
ursprünglichen, von Schopenhauer autorisierten Textes.
Leipzig; Antiquariat und Verlag Dr. Haak, 2013

(43)Richard David Precht. Wer bin ich und wenn ja, wie viele? Wilhelm Goldmann Verlag München 2007

(44)Henning Mankell. Treibsand – Was es heißt, ein Mensch zu
sein. Zsolnay Verlag Wien 2015